離感のバグ」が原因

距離感

世代を
しない

仕事上の役割として
明確に指示する

⟷

話しやすい
空気を作る

⇩

対等な個人同士の信頼関係が築ける

- ハラスメント・トラブルを回避できる
- 「ウザいおじさん・うるさいおばさん」と思われない
- ほどよく信頼されて、静かに尊敬される
- お互い仕事がしやすい

をめぐる3つの要因

める若手

しやすさを背景に若者
ットでは「おじさん構文」
は肩身が狭い社会に。

3 「若者と話す」日本語がない

年長者には敬語、同世代にはタメ口があるのに、年下と話すための日本語が存在しない。見よう見まねの命令口調で話すしかなかったのがこれまでの歴史。

?
が無
も、

る
果。
や視

当然
手を

と言
ぐら

げ
作欺
にも。

若者とのトラブルは「距

近すぎる距離感

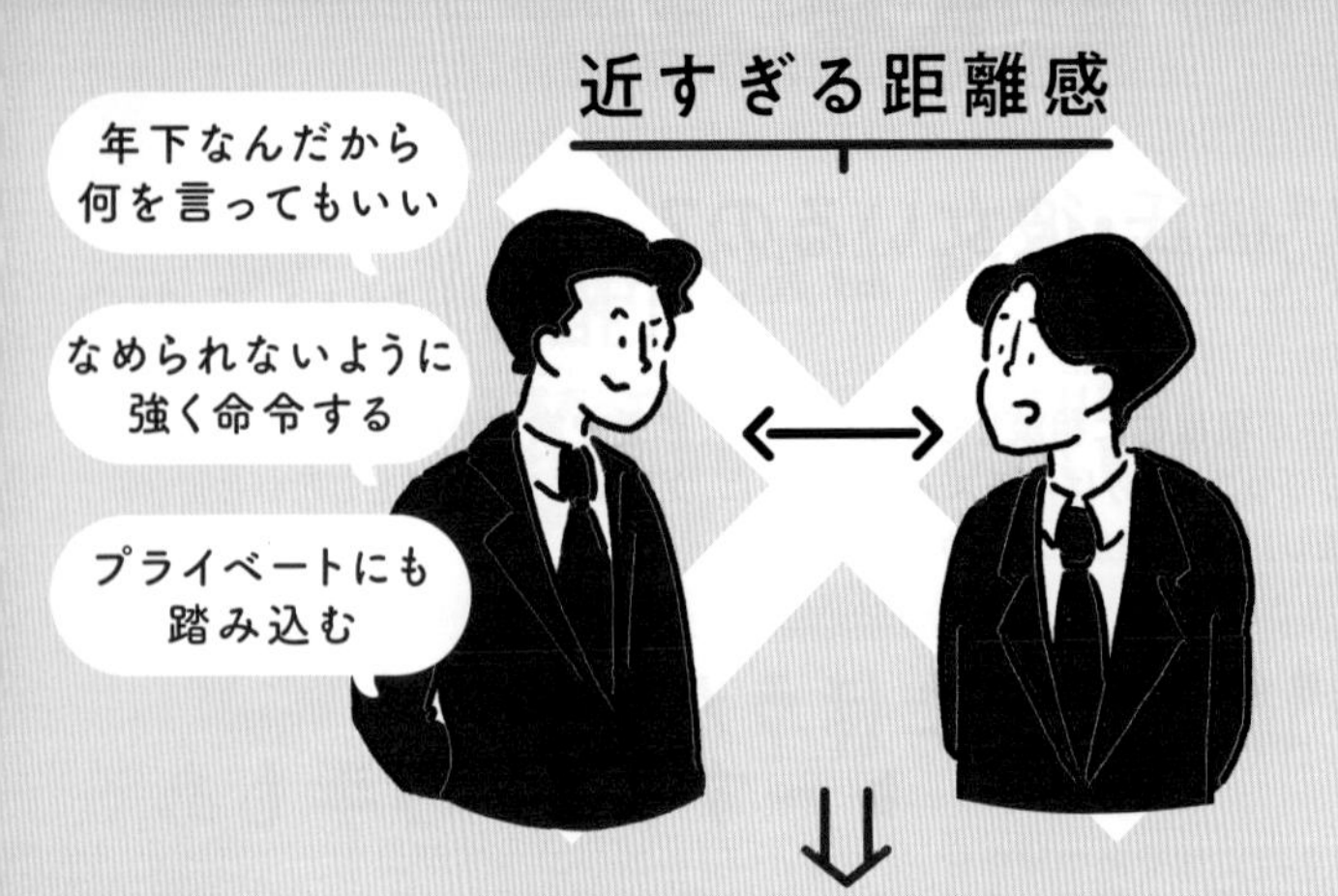

年下なんだから何を言ってもいい
なめられないように強く命令する
プライベートにも踏み込む

セクハラ・パワハラなどのトラブルに

遠すぎる距離感

今の若い子のことがわからない

嫌われないように接する

悩みごとには立ち入らない

孤立・突然の辞職などのトラブルに

ハラスメント・トラブル

1 コンプライアンスの徹底

「パワハラ」「セクハラ」「モラハラ」が一気に厳しくなったのがこの10年。「そういうものだから」「昔、自分もされたから」がまったく通用しないのが現在の日本。

2 Z世代・黙って

少子化や売り手市場、起業・転職
が声を上げやすい時代に。一方、
が話題になるなど、年長者にとって

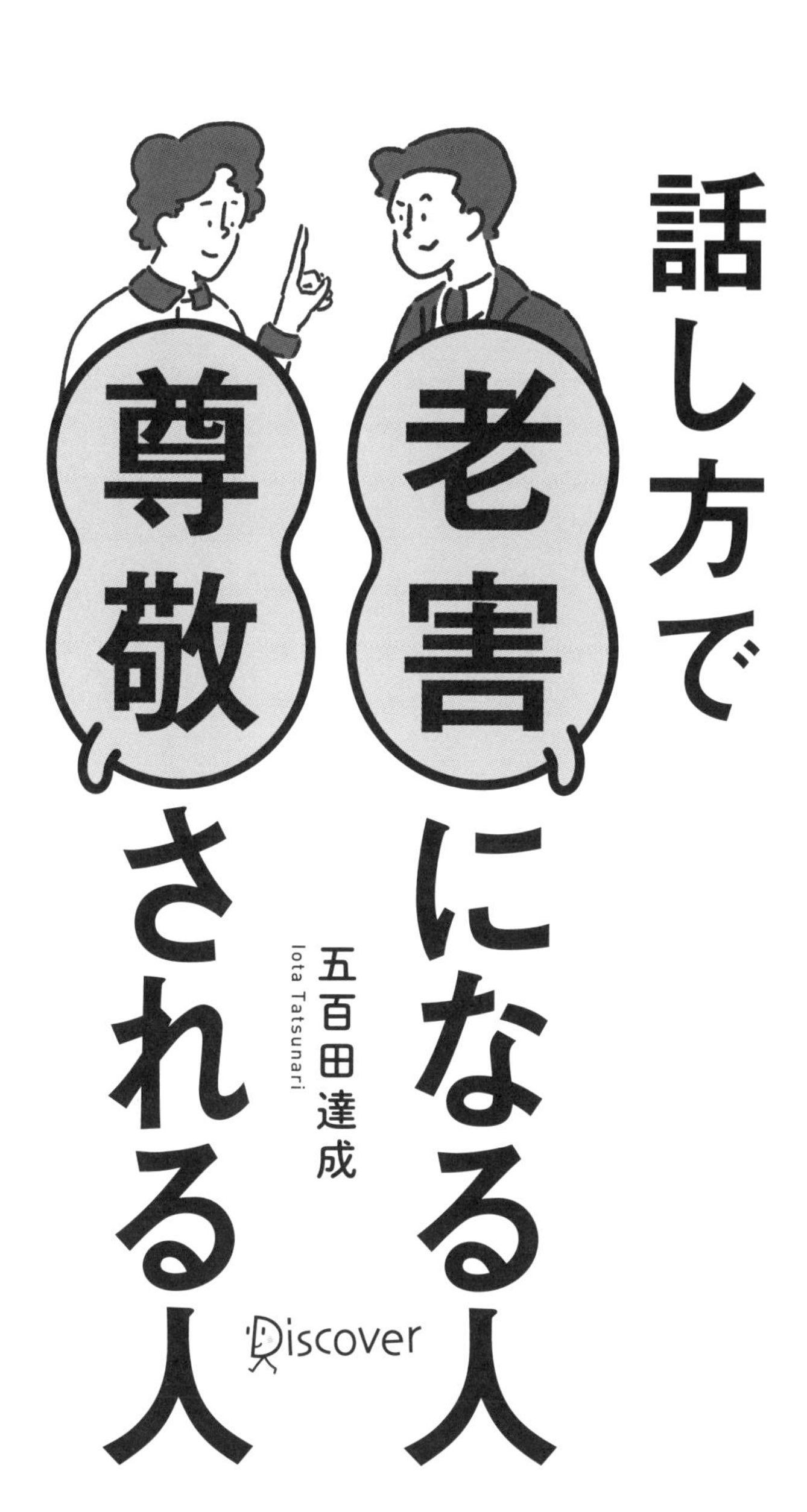

話し方で老害になる人尊敬される人

五百田達成
Iota Tatsunari

Discover

はじめに　～若者とのトラブルを引き起こす「距離感のバグ」～

今、職場の若手と話すのって、怖くないですか？

たとえば、仕事の指示をするとき。

・言い方を間違えて、パワハラと思われたら終わり
・かといって遠慮してると、「もっと成長したかった」と辞められてしまう
・知らないうちに、ストレスを与えてないか不安……

たとえば、ちょっとした雑談をするとき。

・何を言っても、セクハラになりそうで話せない
・Z世代と、何を話せばいいかわからない

・陰で「老害」と笑われてないか心配……

昨今コンプライアンスが厳しくなり、後輩・部下が相手だと、何を言っても「ハラスメント」になりかねない。そういったハラスメント・リスクについて悩む中堅社員は少なくありません。

これが、上司や先輩相手なら、かえって気楽です。最低限気をつかってきちんと敬語で話しておけば、まあだいじょうぶ。関係構築もできているので、大きなトラブルには発展しにくい。

なのに、**相手が若者となると、とたんにリスクが跳ね上がって、思いもかけない地雷を踏んでしまう可能性がある**。

ちょっとしたボタンのかけ違いでハラスメント・トラブルに発展した、なんていう話を聞くと、まったく他人事とは思えない。

どうしてこんなことになってしまったのでしょう？

これからずっと、いつ訴えられるか、ビクビクしながら話していくしかないのでしょうか？

安心してください！　だいじょうぶです!!

本書はそういうお悩みを、全部まとめて、スパッと解決するために生まれました。

この本に書かれていることをそのまま実践すれば、**職場の若手と話すのが怖くなくなり、ハラスメント・リスクを未然に回避し、お互いに仕事のしやすい良好な関係を築ける**ようになります。

＊＊＊

申し遅れました。五百田 達成（いおた たつなり）と申します。現在は「話し方のプロ」として、コミュニケーションについてアドバイスする仕事をしています。

「人がこういう話し方をすると、相手はこう感じる」という〝コミュニケーション心理〟が専門で、これまで書いてきた人づきあいに関する書籍は『超雑談力』『察しない男 説明しない女』『不機嫌な長男・長女 無責任な末っ子たち』『不機嫌な妻 無関心な夫』（すべてディスカヴァー刊）など、おかげさまでシリーズ100万部を超えています。

また、各企業から社内活性をテーマに講演の依頼をいただくことも多く、そこでも「若手社員との雑談のしかたがわからない」「Z世代とのコミュニケーションについて教えてほしい」という課題を多く耳にするようになりました。

本書にまとめた内容をお話しすると、**「若手とうまくコミュニケーションを取れるようになりました」「職場だけでなく、子どもとの会話にも役立ちました」**という、うれしい感想をいただいています。

まずは、この本を手にとってくださり、ありがとうございます。改めて、どうぞよろしくお願いいたします！

ハラスメントの原因は「距離感のバグ」

さて。

中堅社員と若手、年長者と若者との間で**「ハラスメント」が起きてしまう原因はずばり「距離感のバグ（誤り・まちがい）」にあります。**

人と人には本来、適切な距離感というものがあり、それに応じた適切な話し方がありま す。年長者もふだんはそれを保って、周囲と正常な関係を築いています。

それなのに、話す相手が若者となったとたん、なぜかつい、誤った距離感で誤った話し方をしてしまう、これが「距離感のバグ」です。

近すぎる距離感

年下なんだから
何を言ってもいい
なめられないように
強く命令する
プライベートにも
踏み込む

セクハラ・パワハラなどのトラブルに

遠すぎる距離感

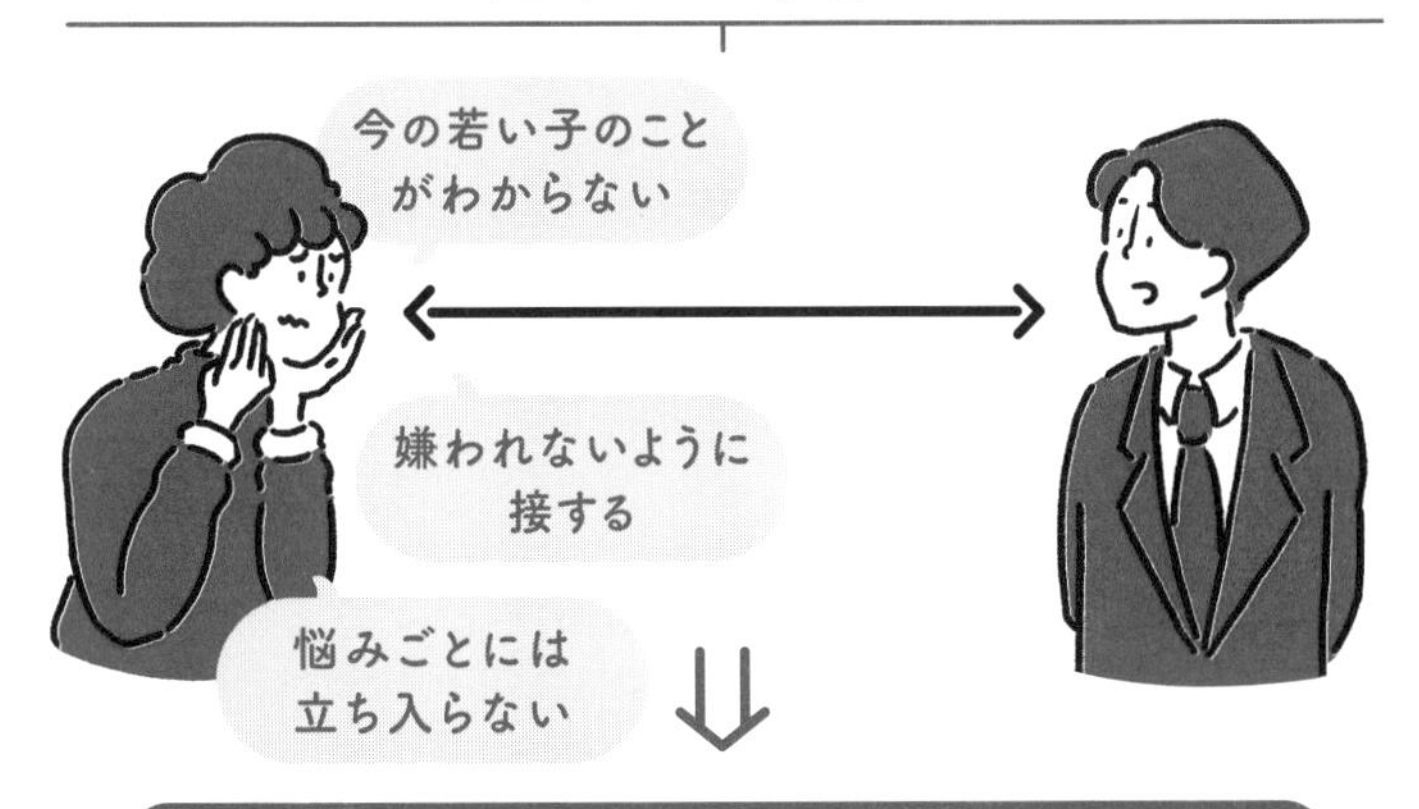

今の若い子のこと
がわからない
嫌われないように
接する
悩みごとには
立ち入らない

孤立・突然の辞職などのトラブルに

たとえばある人は**「相手は年下なんだから、これぐらいいいだろう」と無遠慮に距離を詰めて、高圧的な物言いをしたり、プライベートにがさつに踏み込んだりする。結果、パワハラやセクハラで訴えられる。**

逆に、ある人は**「若い人は何を考えてるかわからない……」と、遠慮して腫れ物に触るように接する。そうすると、細かな意思疎通ができず、行き違いと誤解が生まれ、結果、こちらも、パワハラやセクハラで訴えられる。**

もちろん、どちらの接し方も、よくありません。

踏み込みすぎず遠ざけすぎず、若者と「正しい距離感」を保って、「正しい話し方」をすれば、お互いに信頼・尊敬し合えて、仕事のしやすい良好な関係が築けるわけです。

正しい距離感

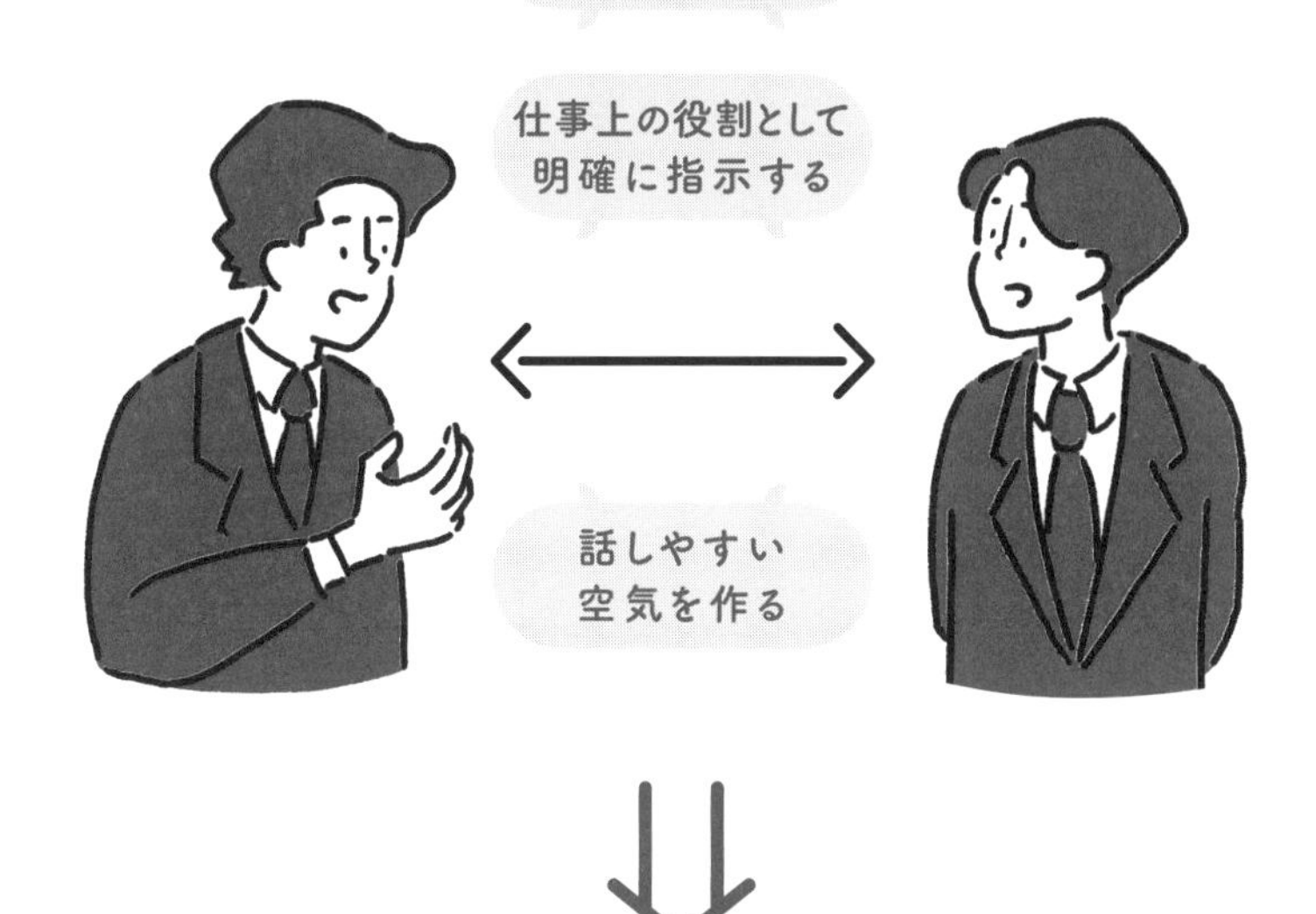
上下や世代を
意識しない
仕事上の役割として
明確に指示する
話しやすい
空気を作る

対等な個人同士の信頼関係が築ける

- ハラスメント・トラブルを回避できる
- 「ウザいおじさん・うるさいおばさん」と思われない
- ほどよく信頼されて、静かに尊敬される
- お互い仕事がしやすい

「老害」と「かくれ老害」は紙一重

ちなみに、昨今よく聞くようになったワード「老害」も、「距離感のバグ」が原因です。

「老害」とは「年長者が、組織の中で若者の足を引っぱるような言動をする」ことを指します。一見、いかにも老人然としたおじいさんが「けしからん！」と文句を言っているイメージが湧きますが、それは違います。

年齢や性別に関係なく、この世のすべてのオトナは「老害」になってしまう可能性を秘めている。 いわば、「かくれ老害」なのです。

そもそも、「老害」と呼ばれる人たちの心理的特徴としては、

- **自分が若い頃のことを、「昔はよかった」と懐かしむ気持ちがある**
- **年下の世代に対して、「何を考えてるかよくわからない」と違和感を覚える**

・「今の若者は恵まれてる」と説教のひとつもしたくなる

などが挙げられます。

……どうでしょう。あなたの心の中にもこういう気持ち、ないでしょうか？　「まったくない！」と言い切れるオトナは、まずいないはずです（もちろん私の中にもあります）。

みんな、心のどこかに「老害」的な感情を多少なりとも秘めている。ふだん表立っては言わないそういう感情を、つい我慢できずに周囲にまき散らしてしまう人が「老害」と呼ばれているだけのこと。**「かくれ老害」と「老害」は紙一重なのです。**

さて、「老害」のみなさんの、「自分は年長者なんだから、若者に対して言いたいことを言っていいし、若者はそれを聞くべきだ」という姿勢も、まさに「距離感のバグ」です。

その他、

- **やっている年長者のほうに悪気はない（むしろよかれと思っている）**
- **けれど、若手は不快に感じ、ストレスになっている**
- **そこに一定の基準はなく、相手との関係性によってOKだったりNGだったりする**

といった点も、「老害」と「ハラスメント」はよく似ています。

＊＊＊

これまでの話をまとめます。

- **若者との話し方においては「距離感」が何よりも大事**
- **そこを間違えると「ハラスメント・トラブル」に見舞われる**
- **正しい距離感は「正しい話し方」によって作られる**

この本は、そうした「若者との正しい話し方&距離感」を、具体的な事例を挙げながら、わかりやすく○×形式でまとめた、画期的な本です。

若者にとってNGな言動を避けて、OKなコミュニケーションを実践するだけで、

・ハラスメント・トラブルを未然に防げる
・老害と呼ばれることなく、むしろ静かに尊敬される
・仕事がしやすい適度な信頼関係が築ける

ようになります。

……と、こういう話をすると、「下手(したて)に出てほめろってことでしょ?」「媚びて話題を合わせるなんて無理!」などと思われるかもしれません。だいじょうぶです、ご安心ください!

・「昔話・自慢話・説教」は、絶対に、絶対に! しない

・「若いな〜」などと世代間ギャップを強調しない
・自分のことを「おじさん／おばさん」と言わない
・相手のことを「イケメン／優秀」とほめない

などなど、どれもごくごく簡単なコツばかりです。これらのことをひとつひとつ実践するたびに、あなたと若者との距離感はほどよく整えられていきます。

「正しい距離感」は「正しい話し方」で作られる

今の時代、若者と話すのは怖い。
ハラスメントになるぐらいだったら、なるべく関わりたくない。

気持ちはわかります。よーくわかります。

ですが、ひとたび「若者との正しい話し方」を身につけ、「つかず離れずのちょうどいい距離感」をつかんでしまえば、今後、どんな相手に対しても応用が利きます。つまり、老若男女誰とでも「正しい適切な距離感」でつきあえるようになるのです。

若者相手の思いがけないトラブルを回避できるだけでなく、どんな人とでも良好な信頼関係を築けるようになる。

あなたのそんな明るい未来を心から願って、この本を書きました。少しでもお役に立てれば幸いです。

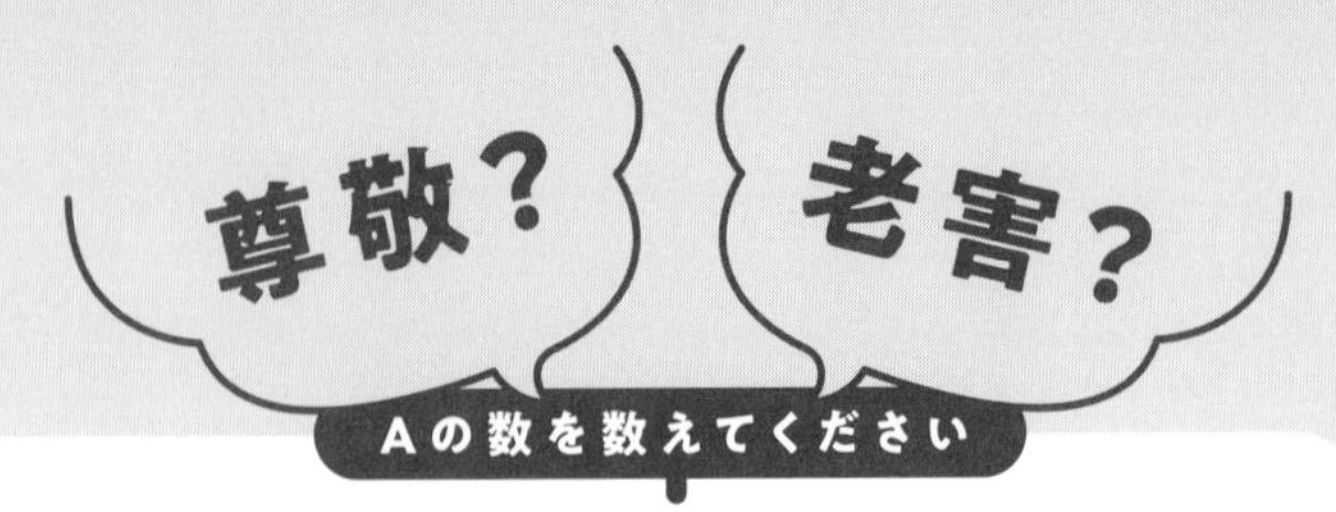

若者との話し方チェックシート

① 後輩をほめるときは

A:「○○さんって、優秀だよね」

B:「○○さんとは仕事がしやすいな」

② 部下に依頼するときは

A:「あなたの経験にもなるから」

B:「やってくれると助かる」

③ 大変そうな部下に声をかけるときは

A:「何かあったら言ってね」

B:「○○しようか?」

④ 部下の報告が遅れた

A:「聞いてないんだけど」

B:「今からできることある?」

⑤ 後輩から仕事の悩み相談をされた

A:「仕事ってそういうものだよ。私もね…」

B:「どんな仕事がしたいの?」

⑥ 取引先の担当者に聞くのは

A:「今、おいくつですか?」

B:「この部署、長いんですか?」

あなたがやっているのはどっち？

⑦ 親しい後輩を紹介するときは

A:「かわいがってる」

B:「尊敬してる」

⑧ 後輩たちのトレンドを聞いて

A:「若いなー。おじさん（おばさん）にはわからないよ」

B:「どういうところがおもしろいの？」

⑨ 同じ趣味の若者に

A:「●●のことなら何でも聞いてよ」

B:「お互いがんばろうね」

⑩ 後輩たちと同じテーブルになったときは

A: 空気を読んで話しかけない

B: 自分から積極的に話しかける

⑪ 会計時に部下や後輩に言うのは

A:「適当に割っていいよ」

B:「こっちで割るから、伝票貸して」

⑫ 過去の仕事を振り返って

A:「あの仕事は私がやった」

B:「あの仕事はみんなのおかげ」

採点方法

右の表から普段あなたがやっているほうを選び、Aの数を数えてください。
次ページでチェックしてみてください。

診断結果

Aが10〜12の人

超老害

昔ながらの体育会系上司・先輩も、今では「超老害」扱い。本書のコツを実践すれば、トラブルを未然に避けつつ、部下や後輩との信頼関係を築くことができます。

Aが6〜9の人

かくれ老害

気の合う部下や後輩とうまくやっているつもりでも、知らないところで「老害」と言われてる可能性が。ちょっとしたポイントに気をつければすぐに汚名返上できます。

Aが
2〜5
の人

ちょい尊敬

部下や後輩から「話しやすい」「仕事がしやすい」と、静かな尊敬を集めているはず。本書のコツを実践して、それを確固たるものとしましょう。

Aが
0〜1
の人

超尊敬

いつでも相手の気持ちに配慮して行動できる、コミュニケーションの達人。部下や後輩に限らず、常に周りに人が集まる「人望の塊」でもあります。

もくじ

第1章 基本編

第2章 仕事・職場編

第3章

雑談・飲み会編

第4章

趣味・SNS編

第1章

基本編

01
基本①

○ 対等な関係で話す

× 上下の関係で話す

「ちゃんと議事録取れよ。若手なんだから自分から動けよな」
「何、その態度？　せっかく先輩が優しく言ってあげてるのに」
「ねえ、聞いてる？　まったく、今の若い子はろくに返事もできないんだから」

若者と話すときに、「若手なんだから」「後輩なんだから」など、やたらと「上下関係」を強調する人がいます。

こっちは「上」で相手は「下」。後輩が先輩のために動くのは当然。むしろきちんと若者に言って聞かせるのが年長者の役目。若い頃は自分だってそうされてきたんだから……。ですが、これは不正解です。

「上」司・部「下」は、当たり前ですが身分の「上」「下」ではありません。単なる仕事上の指示系統・役割に過ぎません。ですから、業務以外の場面で「上司面」をしたり、「自分のほうが人間的に優れてる」と勘違いしたりしてはいけないのです。指示・指導にしても、あくまで、ビジネスコミュニケーションであるべき。「相手の人格を否定する乱暴な口調」は当然NG。「上下関係」とは、そんなに絶対的な権力の話ではないのです。

「先」輩・「後」輩、年「上」・年「下」も、同様です。学校や社会において、「一応の順番をつけておいたほうがスムーズにコトが進むから」という理由で採用されている、ただのローカルルール。ですから、個別の人間関係で何かと「先輩風」を吹かせたり、「丁重に扱われる権利がある」と勘違いしたりしてはいけないのです。

単なる「ビジネス上の配役」

若者と話すときは、「上下の意識」を持ち込まないのが正解です。気をつけるべきなのは「失礼なことは言わない」「乱暴な言い方はしない」「当然のように雑用をさせない」といった、ごくごく常識的なことです。

「悪いけど、議事録取っといてくれる？」
「ん？　伝わってるかな？」

「聞こえてる？　聞こえてるなら、返事してね」

あらゆる人間関係は話し方で作られます。

「対等な個人同士のフェアで気持ちのいい信頼関係」は、それ専用の話し方でないと築けません。グイグイと距離を縮めて偉そうに上から行くのはダメ。かといって、腫れ物に触るように媚びるように下手に出るのも違う。普通に「同じ目線」で話せばいいのです。

「ビジネス上の配役」＝肩書きや、「便宜上のルール」＝年功序列を、個人と個人の関係にまで持ち込んで話さない。あくまで対等（フェア）に、変な上下意識を持たず（フラット）、変な感情を乗せず（プレーン）に話す。これが、若者との正しい話し方、基本その1です。

ポイント

縦ではなく、横の意識で話す

02

基本②

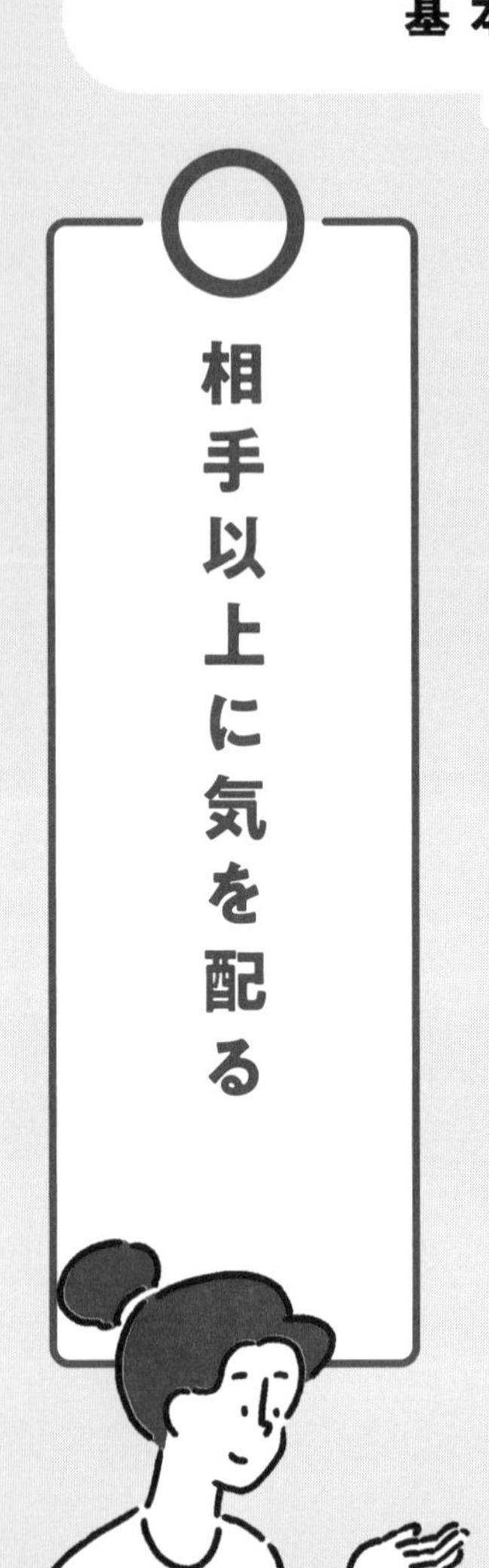
相手以上に気を配る

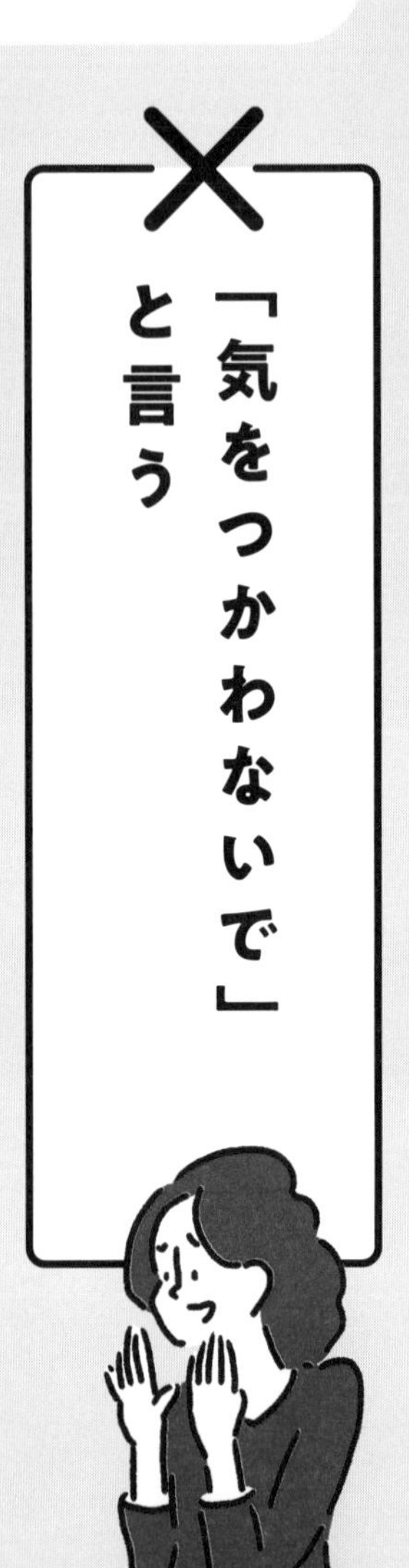
「気をつかわないで」と言う

「注文とかお酌とか、気をつかわなくていいからね。俺もつかわないし」
「先輩とか後輩とか、そういう堅苦しいの、私も苦手なんだよね」
「大して年違わないじゃん、敬語じゃなくていいよー」

若者と話すときに、「お互いに気をつかわないでいこう」と提案する人がいます。

場の空気を柔らかくしたい、相手の緊張をほどいてあげたい、こっちだって気まずい状況は避けたい、お互い気楽にいこうよ……。ですが、それは不正解です。

なぜなら、**どうやっても年下は年上に対して気をつかうもの**だからです。

どれだけ打ち解けても、結局敬語は崩せないし、失礼なことは言いにくい。普段通りののびのびと振る舞えないし、最終的には年長者を立てなければいけない。

仮に、本当に無礼講レベルで打ち解けたとしても、周囲の目・圧力が気になります。

「失礼だ」「そういう口のきき方はどうなの？」と横から言ってくる人のことを考えると、本気で同じ目線で話すことはできないものです。

だから、「気をつかわないでよ」という提案はあまり意味がありません。かといって、一方的に気をつかわれっぱなしでは、緊張関係はそのまま。もちろん「気が利かないなー」「動きが悪いよ」と若者を叱るのは論外です。

「一流ホテルのサービス」が理想

若者と話すときは、**相手と同じレベルできちんと気をつかう、関係を良くしようとがんばる、年長者の立場にボーッとしない**のが、正解です。

むしろ、相手のことまで考えて、余裕を持って周りを見て、包み込むように話しやすい空気を作りたいもの。

「何か食べたいものある？　こっちで注文しちゃうから、言って言って」

「先輩って言われると照れるけど、がんばるよ、よろしくね（笑）」
「じゃあ、ほぼほぼ同じ世代ってことで、仲良くしてください！」

こうやって若者に気をつかうのは、上司や先輩に対する気づかいよりも、めんどうかもしれません。

「とりあえず敬語を使って相手の話を聞いておく」といった表面的なマニュアルではすまない、ホテルのサービスマンのような、トータルの気配りが求められるからです。

……と、いきなりハードルを上げるようですが、それぐらいの姿勢で臨むことが、若者との正しい話し方、基本その2です。

ポイント

気をつかわせない、ではなく、相手以上に気を配る

03

基本③

○ 積極的に話しかける

「(若手だけで楽しそうだから、そっとしておこう)」
「(こっちから話しかけると、ウザいと思われるよね)」
「(相手が話しかけてきたら、ちゃんと受け答えしよう)」

若者とエレベーターで一緒になったときや、飲み会で同じテーブルになったとき、自分からは話しかけず、相手の出方を待つ人がいます。

こっちからグイグイと話しかけるのは、よろしくない。相手も気詰まりだろうし、緊張もするだろう。「ウザい上司」「イタい先輩」と思われるのは避けたい。共通の話題もないし。まあ、話を振ってくれたら、返すぐらいはがんばるけどさ……。ですが、これは不正解です。

なぜなら、**その状況に「参ったなあ」と困っているのは若者も同じ**だからです。

話しかけにくい、共通の話題もない、でも、相手は年長者だから放ってもおけない。

「いきなりグイグイと話しかけたら失礼かな」「すぐに話題がなくなったらどうしよう」「ウザい後輩と思われたくない」と手をこまねいているわけです。

つまりは、お互いが空気の読み合い・にらみ合いの状態。であれば、口火を切るべきなのはどちらでしょう?

「ウザがられるリスク」を負う

若者と話すときには、積極的にこちらから話を振るのが、正解です。

「おつかれさまー。今、何の話してたの?」
「ごめん、こっちのテーブルも仲間に入れてくれる?」
「ねえ、あのドラマって観た? どうだった?」

まずは話を始めないことには、関係はよくなりようがありません。

確かに、話しかけ方によっては「ウザい」「イタい」と思われるでしょう。そうならないために、次章以降で具体的な話し方を学んでいくわけですが、それでもリスクはゼロではありません。

ですが、そのリスクがあるのは若者も同様。であれば、あえて火中の栗を拾うべきなのは、多少なりとも経験と余裕がある年長者です。

めんどうなこと・大変なことは年長者がやる、が人間関係の大前提です。

現実は若者がやるはめになることが多いわけですから、これはどれだけ肝に銘じても足りません。というわけで、「話しかける」という、めんどくさくてリスキーなことは進んで引き受けるという意識が、若者との正しい話し方、基本その３です。

ポイント

にらみ合いを脱して、一か八か話しかける

04

基本④

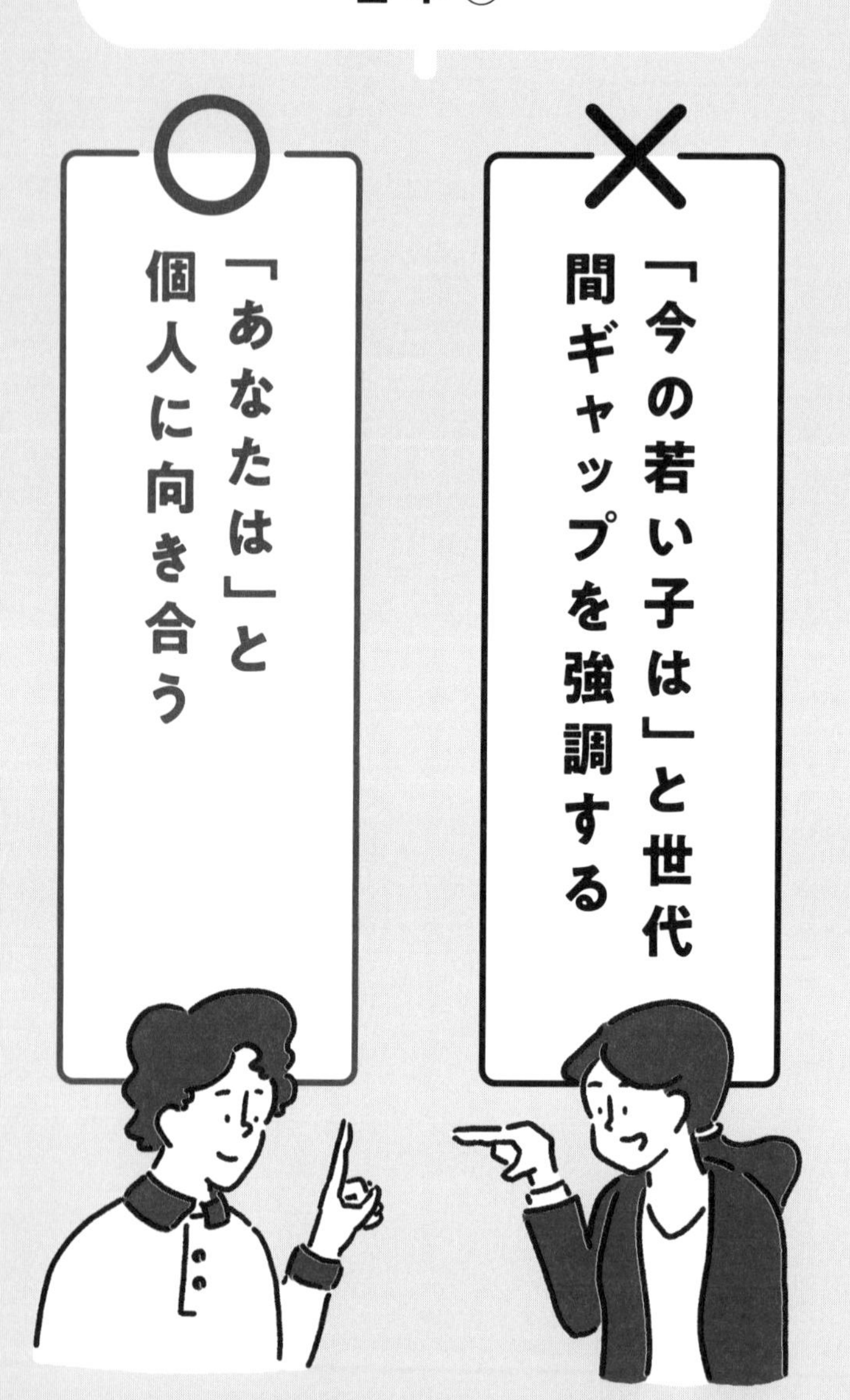

「今の若い子は」と世代間ギャップを強調する
「あなたは」と個人に向き合う

「えー、今の若い子って、ＬＩＮＥとか使わないんだ!?」
「君たちの世代だと、こんな小説知らないか」
「24歳？　若いなあ。ウチの娘のほうが近いぐらいだよ」

若者と話していて、世代間ギャップに驚いたあまり「今の若い子って」「それぐらいの世代はさ」「息子と同じ」などと、世代でまとめて話してしまう人がいます。

理解不能なものをなんとか既存の枠にはめたい、「若い人はそうなんだ」と決めつけてしまいたい、あるいは純粋に驚いただけ……。ですが、それは不正解です。

そういった**決めつけ・くくりは、目の前の相手の人格・個性をきちんと認めない失礼な行為。**相手は「いや、人によりますけどね……」「うーん、他の人のことはわかりません……」というモヤモヤした気持ちに。

また、そうやって反応すればするほど、世代間のズレ・ギャップ・溝を強調することにもなります。「私とは違う感覚の人です」「話が合いませんね」と、分断を深めても、何もいいことはありません。**一緒に過ごす仲間に対して、物珍しい目を極力向けないようにすべき**。海外旅行先で「へー、こっちの人は虫とか食べるんだ〜！」と無邪気に驚いていいのとはワケが違うのです。

これは、逆の立場で考えてみればわかります。

「確かに先輩たちの世代ってそうですよね」「それ母も同じこと言ってました」などと言われると、まるで話をさえぎられたような、それ以上何も言えないような、複雑な気持ちになりますよね。それと同じです。

「世代間ギャップ」を口にしない

若者と話していて感覚の違いを感じたときは、おおげさな「世代間ギャップ」にしないのが正解です。

「そっか、ＬＩＮＥとか使わないんだね。何を使ってるの？」
「この小説、おもしろいんだけどなあ。読んでほしいなあ」
「24歳ですか。お仕事は何をしてるんですか？」

内心はすごく驚いている気持ち、**世代でくくって納得してしまいたい気持ちをぐっと抑え、極力、目の前の人とそのまま向き合い話を続ける。**

それは「若ぶっている」とか「かっこつけている」とかではなく、目の前の相手とスムーズに会話していくための、一種のマナー。これが若者との正しい話し方、基本その４です。

ポイント

驚きはこらえて、会話を続ける

05
基本⑤

誰からも慕われようとする

苦手な人とは距離を置く

「（すべての部下から慕われたい）」
「（たくさんの後輩から『先輩、ついていきます！』と言われたい）」
「（人望がほしい、人気者になりたい）」

若者と話すときに、「嫌われたくない」「誰からも慕われる人気者になりたい」と強く願う人がいます。

頼もしい背中で引っぱる先輩になりたい、「上司にしたい人ランキング」に入りたい、気さくな人気者になって、いつも多くの人に囲まれていたい……。ですが、それは不正解です。

そもそも「慕う」という言葉には、「下が上をお慕い申し上げる」というニュアンスがあります。**「黙っていても一方的に好かれる」という受け身の姿勢であり、フェアな関係とは言えません。**

項目1で見たように、「上」だの「下」だのは単なる社会的役割に過ぎません。それなのにそこに影響されすぎて、「立派な上司になりたい！」「年長者としてたくさんの若手を束ねたい！」「なるべく多くの後輩から人望を集めたい！」と願うのは、力みすぎというものです。

民衆を率いた古代の英雄や、ビジネス書の中のカリスマ経営者を気取るのはやめて、少し肩の力を抜くのがいいでしょう。

所詮は「相性」だから無理しない

若者と話すときには、「気が合うといいなあ」「仲良くなれたらいいなあ」ぐらいの、目線を同じにした友好関係を意識するのが正解です。

「（この人とは気が合うから、一歩踏み込んで仲良くしよう）」
「（この人とは気が合わないから、仕事の関係さえちゃんとすればいい）」

「（この人はどういう人なんだろう。もう少し知ってみてから判断しよう）」

「上下」という関係を取っ払ったら、そこはもう生身の個人と個人です。当然、相性だってありますし、タイミングだってあります。すべての若者から人望を集めるなんてとうてい不可能。

最低限の礼儀やマナーは心がけるけれど、基本的には力まず、自分の感覚を大事にして、正直につきあう。

そうすることで結果的に、たしかな人間関係が手に入る。そういう小さな信頼の積み重ねのことを「人望」と言うのです。これが若者との正しい話し方、基本その5となります。

ポイント

慕われようと力まず、気が合う人と仲良くする

第 2 章

仕事・職場編

06
返事をする

○

「はい！」と元気よく返事をする

「あのー、すみません……。ちょっといいですか？」

「……あ？　何？」

「あ、いえ、何でもないです……」


若者から声をかけられて、無愛想に「何？」と返事をするのは、不正解です。


『わからないことがあったら聞いて』と言われても、忙しそうで声をかけづらい」

「実際に質問すると不機嫌な対応をされるので聞きづらい」

「いっそのこと、『何時から何時は質問してもいい』『今から質問していいよ』と先輩のほうから声をかけてほしい」


……と、若手たちの悩みは尽きませんが、「上」の立場に慣れるほど「多少不機嫌な態度をとられても、しっかり質問してくるのが下の役目でしょ！」と不満に思いがち。**自分が若手だった頃の悩みはすっかり忘れてしまう**のですから、人間とは不思議なものです。

自分としては普通のリアクションのつもりでも、無表情であれば、それだけでもう相手としてはプレッシャー。

人は年を重ねて「上」になればなるほど、ただ座っているだけ、話しているだけで「怖い」「偉そう」という印象を与えてしまうのです。

「画面を見ながら」でもOKな返事のしかた

若者への返事のしかたとして正解なのは、笑顔の応対を心がけることです。もちろんあいさつや「ありがとう」も欠かしてはいけない。

「あのー、すみません……。ちょっといいですか?」

「はーい、何?(にこやかに)」

「仕事中にニコニコ笑ってばかりもいられない」「ましてや後輩や部下相手には多少無愛

想でも許してほしい」という声もあるでしょう。が、むしろ仕事中だからこそ、コミュニケーションを円滑に進めるために口角を上げるべき。

笑顔に抵抗がある場合は、声だけでも「はい！」と元気よく返事をするのもいいでしょう。「はい？」とか「はーい、何？？」でもいいです。こうやってハキハキと返事をすると、「相手の声かけに対して前向きに関わりたい」と思っていることが自然と伝わります。そうすればたとえ画面を見ながらでも、多少不機嫌そうでも、相手としては「大丈夫そうかな……」と話しかけやすくなるでしょう。

一度慣れてしまえば、年長者に対するときとリアクションを変えなくていいのでラクですし、何より自分のテンションも上がります。「元気が取り柄の小学生」を自分に憑依させて「はい！」と返事をして、気持ちのいいフラットな関係を構築しましょう。

ポイント

若い頃より元気よく返事をする

07
注意する①

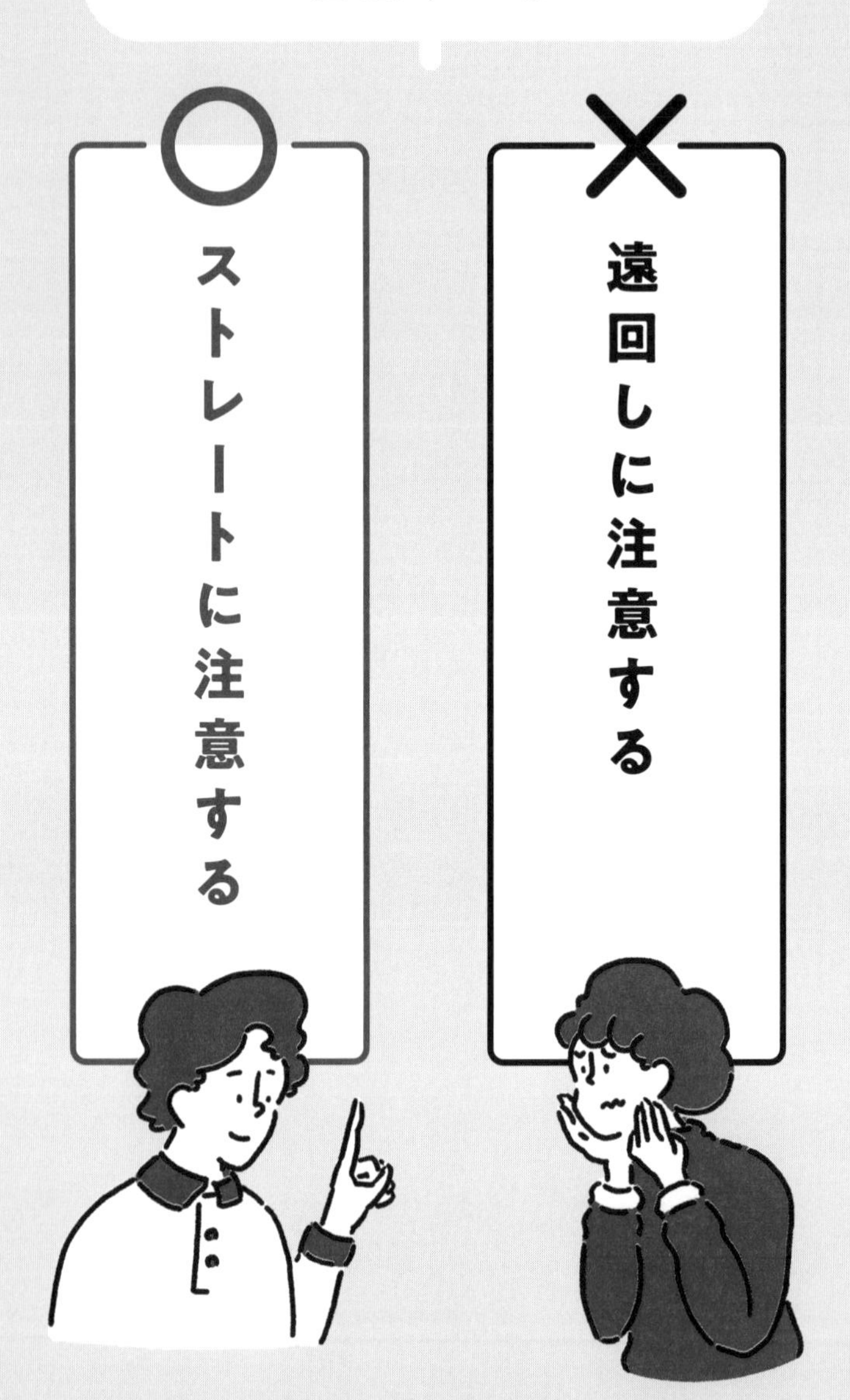

○
ストレートに注意する
×
遠回しに注意する

「最近、あいさつしてる？　あんまり聞こえないな、と思って。いや、まぁそんなことないか……」
「あ、今忙しい？　経費精算、今日までっていう話を、先週したと思うんだけど……」
「ごめんね、服装の規定なんだけどね。いや、細かいことは言いたくないんだけど……」

若手に注意するとき、遠回しにさりげなく注意しようとする人がいます。

あまり口うるさいことを言ったら嫌われるかもしれない、注意したあと気まずくなるのを避けたい、フォローしながら注意深く話せば大丈夫なはず……。ですが、それは不正解です。

「何か叱られてるんだろうけど、何を言いたいのかわからない……」注意される側にとって、これほど苦痛なことはありません。まわりくどく、まだるっこしい話をされると、たった5分の時間であっても、うんざりします。**自分が嫌われたくないからと、時間をかければかけるほど「ネチネチした人」**とかえって悪印象になってしまうでしょう。

話の導入として「どうして今日、ここに呼ばれたかわかる？」などとクイズを出すのもよしましょう。どれだけ冗談めかそうとも、部下や後輩からすれば、怖ろしくてしかたありません。

保身の気持ちから「私は気にならないけど、他のみんなが……」と、人のせいにするのもよくありません。年長者とは、責任を逃れてはいけないのです。

「責任逃れ」はバレるし、なめられる

若手に注意するときは、**論理立ててズバッと伝えるのが正解**です。

「最近あいさつの声が小さいかな。人間関係の基本だからしっかりやろうね」

「経費精算が遅れると、部全体に迷惑がかかるんだよね。次回から気をつけて」

「服装、もう少しちゃんとしようか。めんどうだろうけど、規定だからさ」

そうやってハッキリ伝えたほうがむしろ、「気持ちのいい人」と好感を持たれますし、「これは本気だ、気をつけないと」と背筋も伸びます。

注意してすぐに「ま、ついやっちゃうよね〜(笑)」とフォローするのも避けるべき。

傷つけないためのフォローの言葉を伝えるのは、注意そのものは終えて、いったん会話がひと区切りしていることを確認したあと。解決策を一緒に考えるような態度で、「何か理由があるの？」「わからないところはあるかな？」などと尋ねてフォローするのがいいでしょう。

ポイント

サクッと注意すれば、相手もこっちも気持ちがいい

08

注意する②

×

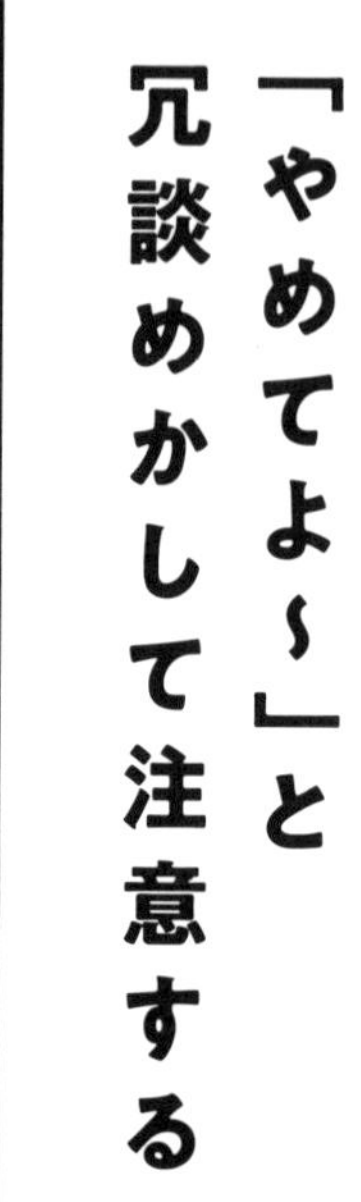

○

「やめてください」と
敬語で注意する

「え？　あの件ですか？　まだ手つけてないっす、急ぎでした？（笑）」

「（……まじかよ！）おいおいー、ちょっとー、頼むよ～（笑）」

「すみません、すみません。すぐやりまーす（笑）」

「（……注意するの何度目だよ！）うん、なるはやでよろしくね～（笑）」

徐々に距離が縮まって親しくなると、若手のほうがなれなれしくなってくることがあります。何度言っても指示を聞かなかったり、他の作業を平気で優先したり。そういうときに強く言えずに、ヘラヘラと相手のペースに合わせてしまう人がいます。

事を荒立てたくないし、「器の小さい人」と思われたくない。相手だって悪気はないんだろうし、せっかくここまで仲良くなったんだから。いちいち目くじらたてるより、自分が我慢すればいい……。ですが、それは不正解です。

上司と部下というのは、ただの業務上のシステム。個別の人間関係に持ち込むべきではありません。が、この場合はまさにそのシステムが崩れて、現実的に仕事が滞っているわけです。「親しい人づきあい」と「仕事のモラル」を混同しているのは相手のほう。「親しき仲にも仕事あり」というわけで、どこかできちんと一線を引く必要があります。

「本気のクレーム」は敬語で

若手から、なめられたり軽んじられたりしたときには、その場は空気を読んでスルーしてもかまいませんが、後日メール（文章）で、改善を要求するのが正解です。

「何度も言いましたが、リミットは○日です。最優先でやってください」
「これ以上続くようだと、他の人にお願いすることになります。自覚してください」

敬語には「相手との心理的距離を遠ざける」効果があります。**あえて丁寧に敬語を使い、近づきすぎた距離を一度リセットします。**

文面はサクッと短く。シンプルに書きましょう。そうすることで「私は本気で改善を望んでいる」「グズグズと言うつもりはない」「でも、改善されなかったら、そのときは……」という、キッパリとしたニュアンスを出すことができます。

「こっちもちゃんと言わなかった……」とか「怒ってるわけじゃない……」とか、言い訳を書きたくなる気持ちはぐっと我慢。フォローしたければ、すぐあとに「で、例の件だけど～」と他の業務連絡を送れば、後腐れがないことをアピールできます。

もちろんそれを機に関係は一度冷え込むでしょう。これまでのような、気さくな仲良しには戻れないかもしれません。それでも、相手が反省してくれた上で、仲良しを続けてくれたら、それが最高。そもそも、ここまでこじれてしまったのですから、もう〝ダメ元〟でメスを入れるしかありません。

ポイント

釘を刺したいときには、文章で短く伝える

09

注意する③

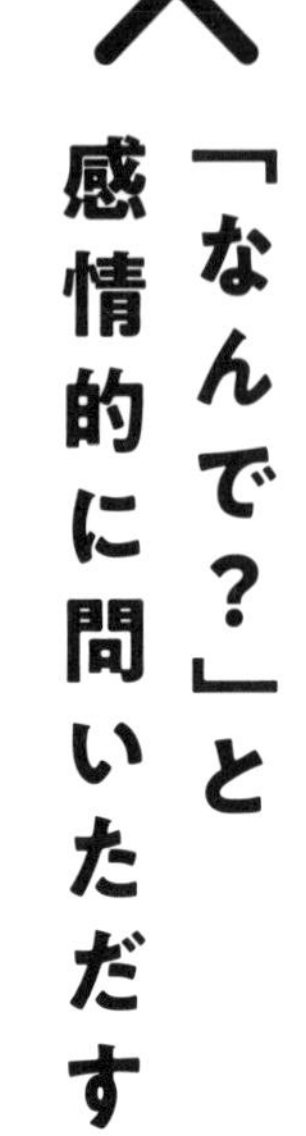

✕
「なんで？」と
感情的に問いただす

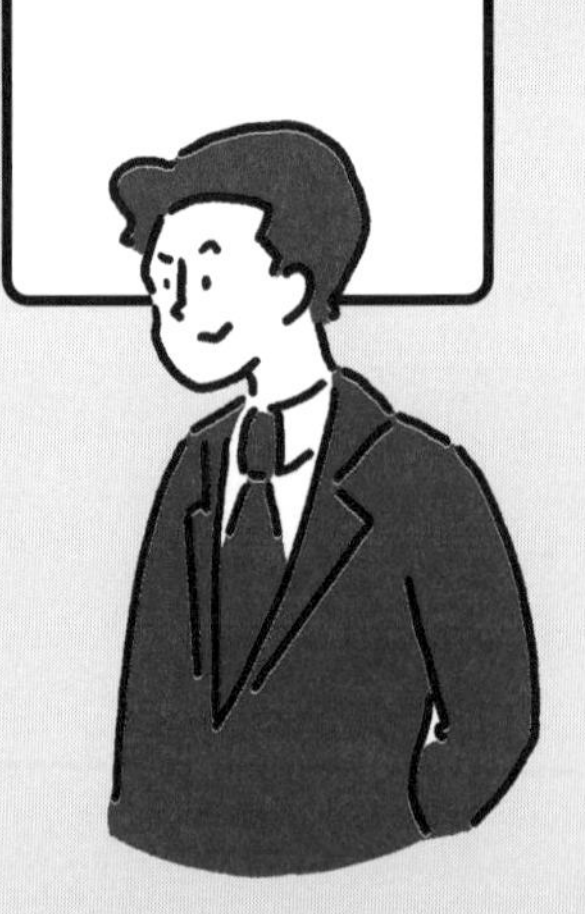

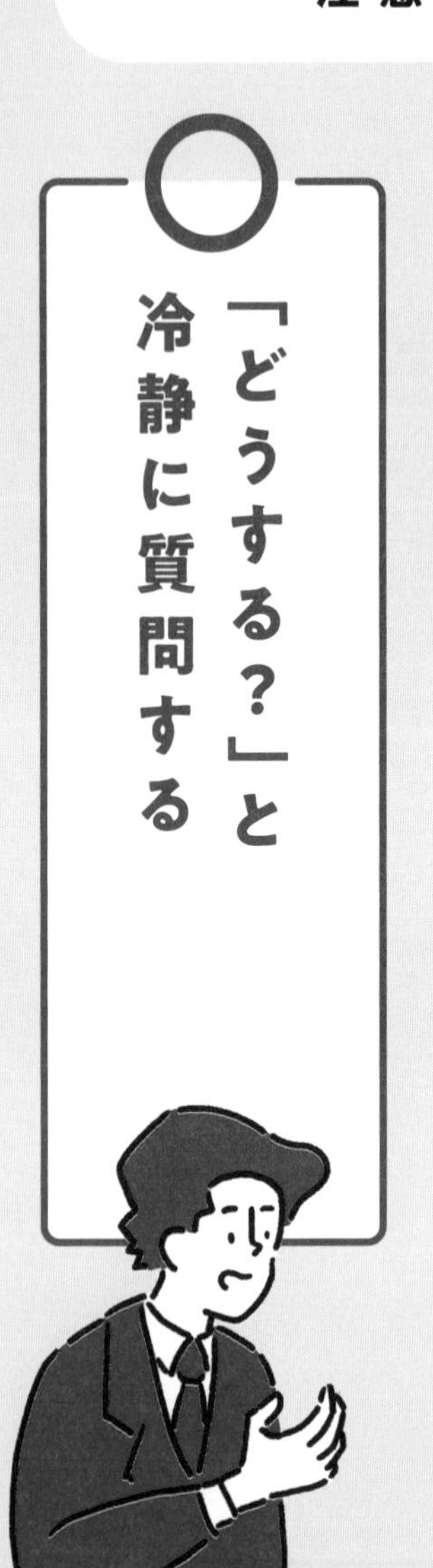

○
「どうする？」と
冷静に質問する

「なんでもっと早く連絡くれなかったんだよ」
「最悪！　どうしてこうなるかな？」
「また？？　ほんと、理由が知りたいよ」

若手の失敗やミスを前にして、感情的になる人がいます。「なんでこんなことに」と問い詰めたり、声を荒らげたり……。

これはそもそも年齢や立場など関係なく、不正解な話し方。が、特に年長者がやると、より不正解となります。

こっちだって動揺している。だからつい気持ちが強い言葉になってしまう。そうかもしれませんが、**若手の立場からすると「キレ」ているように聞こえます。**シンプルに「怖い」のです。

怒られて怖い。文句を言われて怖い。無理難題を振られて怖い。断れなくて怖い。「いやいや、それならそう言わないと！」と思うかもしれませんが、問題は、言えるような空気を普段から作れているか、ということです。

「ある程度怖がらせて言うことを聞かせる」というたちの悪い人もいますが、ほとんどの人はそんな気はないはず。ちょっと強く言いすぎただけ、怖がらせてしまっただけ。ですがそれでも、若手からすれば大変なストレスなのです。

そして、親が子どもを叱るように**「なんで？」と理由を問うているのもNGポイント。**

ほんとは別に理由なんか知りたくない。謝ってほしいし、改善してほしいだけなはず。その証拠に「他の作業に追われていたからです」「理由は3つあります。一つめは～」と冷静に理由を答えられても困りますよね（笑）。

「Why」よりも「How」で質問

若手に対しては、一緒になって改善策を考えてあげるのが年長者のつとめ。ですが、それでも冷静になれないときは、「Ｗｈｙ」ではなく「Ｈｏｗ」で尋ねるのが正解です。

「どうした？　何か事情でもあった？」
「参ったな。どこがネックだったんだろうね」
「このままだと同じこと起きるよね。どうする？」

こうすれば「怖さ」は減るし、相手の自主性を重んじているニュアンスも出ます。とにかく、「なんで？」は感情的に聞こえる、と覚えておきましょう。

ポイント

問い詰めないで、冷静に尋ねる

10
ほめる①

×
「でもさ」と
必ず釘を刺す

○
「いいね！」と
手放しでほめる

「まあ、いいんじゃない？　ただ、欲を言えばもう少しグラフを工夫できたよね。あと色使いがイマイチかな」
「うん、問題ないかな。でも、ここで気をゆるめないでね。毎回こんなふうにうまくいくとは限らないからね」

若手からポジティブな報告を受けたときに、労をねぎらうのもそこそこに、必ずひと言釘を刺す人がいます。今回うまくいったからといって、次もうまくいくとは限らない。仕事を甘く見ると、今後のために良くない。調子に乗ってスキルアップを怠ると、本人のためにならない……。ですが、それは不正解です。

相手からすれば「はぁ……」「せっかく喜んでもらえると思ったのに……」とテンションが下がります。

だいたい、そんな舞い上がっているタイミングで**「よし、油断しないで気を引き締めよう」などと思える人間はなかなかいません**（自分だってそうでしたよね？）。すぐに釘を刺すのは、「ほめ」としても「注意」としても中途半端です。

「プロセス」を語ってもらう

若手をほめるときは、「余計なことを言わずに手放しでほめる」が正解です。

「ほめる」にはさまざまなテクニックがありますが、中でも「結果ではなくプロセスをほめる」は定番。ですが、これがなかなか難しい。普段、よほど注意深く見ていないと、他人の仕事のプロセスなんて把握できていないのが実情。そんなときは、

「いいね！　どのへんが今回のウリ？」
「すごいね！　大変だった？」

など、過程や成功ストーリーを本人に語らせてしまうのも一案です。そうやって相手が仕事を振り返り始めたら、ようやく改善点に話をシフトするチャンス。

自分から「もうちょっとグラフ工夫できましたかね」「今回はラッキーでした」などと言い始めてくれれば、「俺もそう思ってた。ここってさ〜」「まあ、ラッキーはラッキーとして活かそうよ」などと、年長者らしいことも言えるでしょう。

また、**どれだけ心からほめても、結局「上から目線のジャッジ」に聞こえてしまう**のが、「上」の立場の悲しい宿命。「よくできてるね」「いいんじゃない？」といったクールな賞賛は、相手の耳には「うむ、くるしゅうない」のように聞こえてしまう危険があります。

なるべく目線を下げて、同じテンションで「すごいじゃん！」「やったね！」などと共感したいものです。

ポイント

ほめるなら、一度徹底的にほめる

11
ほめる②

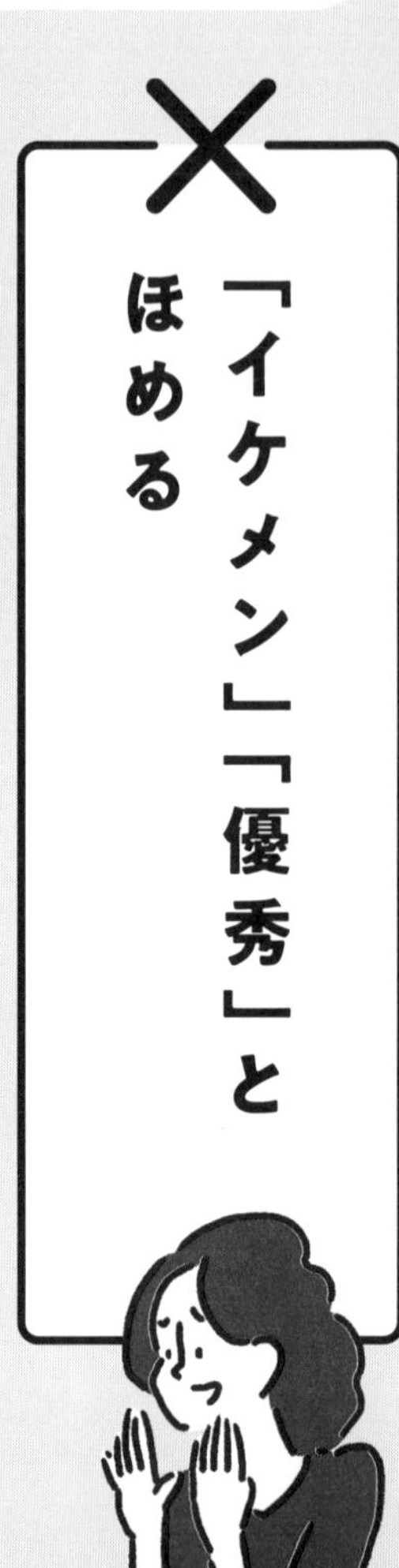
×
「イケメン」「優秀」と
ほめる

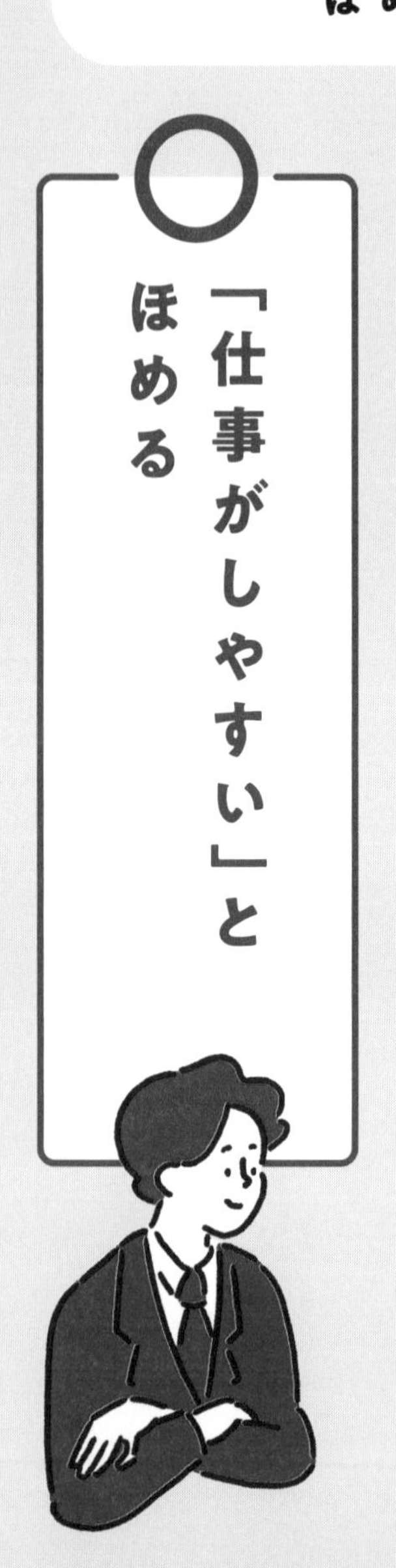
○
「仕事がしやすい」と
ほめる

「そこのイケメンくん、こっち手伝ってくれる？」
「××くんも、髪型ちゃんとしたらかっこよくなるのに。もったいない！」

若手の男性と話していて、冗談交じりにルックスをほめる人がいます。ですが、これは不正解です。

「性的な話題はセクハラになる」「ルックスについてあれこれ言うのはＮＧ」という常識は、だいぶ浸透しました。ですが、こと男性を対象としたトークについてはまだ甘いのが実情。「男性が言われているのだからＯＫ」「女性が男性に言うのだからＯＫ」ということは、当たり前ですが、ありません。

職場において、「かわいこちゃん」「うちの女の子」がＮＧなのと同様、**「イケメン」「うちの男の子」もハラスメント**になりかねません。相手は立場上「やめてください」と言いにくいわけですから（そもそも、名前があるのにそれを覚えていない・呼ばないというのも、とても初歩的な失礼行為です）。

「仕事がしやすい」は万能ワード

では、若手をほめるにはどうすればいいのでしょうか。外見じゃないとしたら、どこをどのようにほめればいいのでしょう？

年齢や性別に関係なく使える正解フレーズは「仕事がしやすい」です。

この言い方であれば、年齢にも容姿にも触れることなく、ほめることができます。しかも「何が理由で」という詳細に踏み込まず、ごまかせているところもポイントです（笑）。

「これはこうだ」と一方的に決めつけるのではなく、「私はこう思う」と謙虚に主観を述べる話法を「I（私は）話法」と言いますが、「仕事がしやすい」はまさにこの話法。

内心、「イケメンだな」「かわいいな」と思っていたとしても、それを表には出さず、あくまで結果的に「仕事がしやすい」と言う。これならコミュニケーション・マナーとしてはOKです。他にも「話しやすい」「頼りになる」なども使いやすいワードです。

同じ仕事ぶりをほめるワードでも、「優秀」「使える」はリスクがあります。なぜなら、こちらにそんな意図はなくても、「上から目線」「人をモノのように見ている」ニュアンスが出るから。**「一緒に仕事しやすい」と「優秀で使える」では、受け取る側のニュアンスはずいぶん違います。**

面と向かってではなく、他人の噂話をするときでも「あの子は使える」といった言い方は避けるべき。「偉そう」「怖い」イメージは、どこから生まれるかわかったものではないのです。

ポイント

性的な内容とジャッジは避ける

12
頼む①

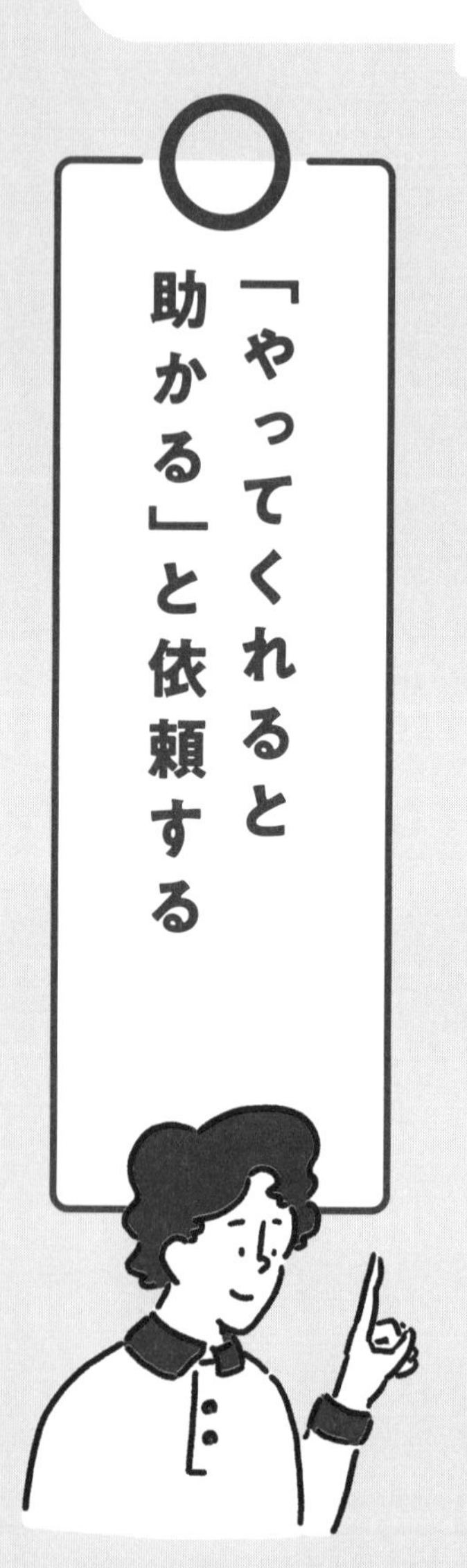

○
「やってくれると助かる」と依頼する

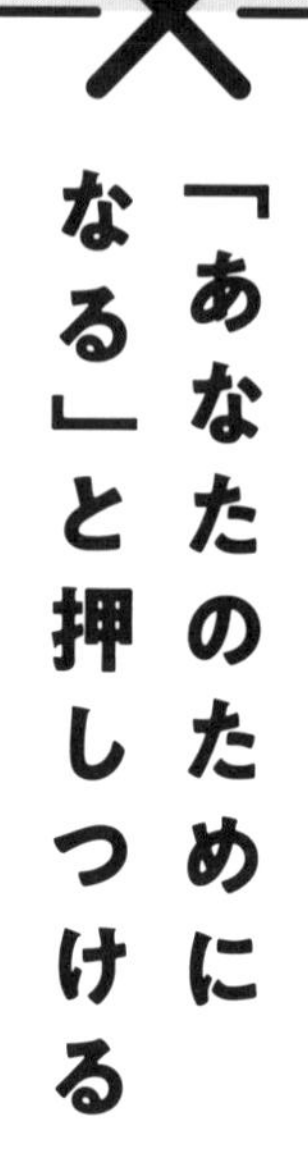

×
「あなたのためになる」と押しつける

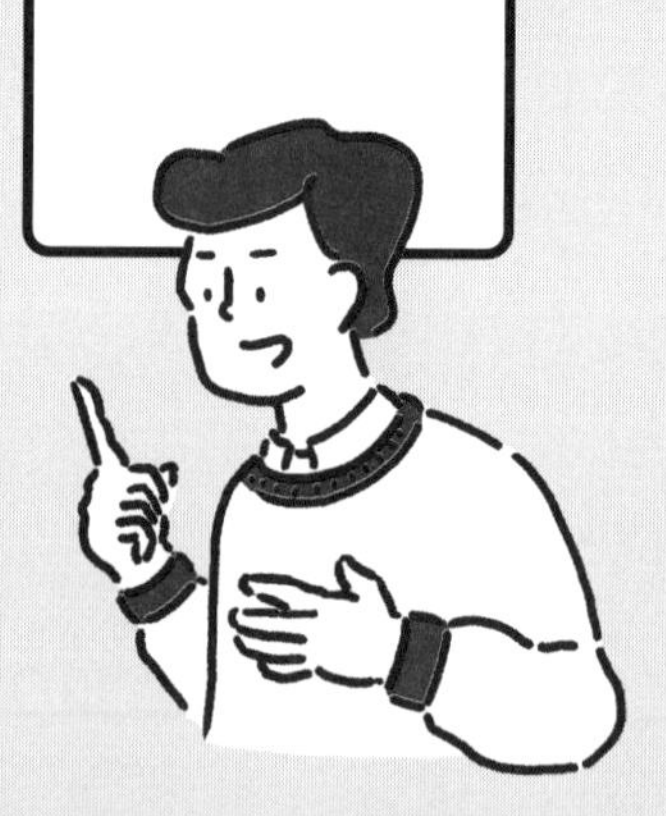

「この仕事は引き受けておいたほうが、あなたのためになる」
「これからの会社員人生的に、いいんじゃないかなって……」
「大変かもしれないけど、きっとプラスになるよ」

若手に仕事を頼む際、こういう言い方をする人がいます。ですが、これは不正解です。

「いい経験になる」「今後、悪いようにはしないから」「部長にも言っておくし」……。こうやって「相手にとっての利益」を並べれば並べるほど、めんどうなことを押しつける口実のように聞こえます。

このような言い回しをするとき、正直、心のどこかには押しつけたい気持ちがあるもの。**「こちらの都合と思われたくない」「悪者になりたくない」という保身の意図**は必ずバレます。そういう偽善のニュアンスに対して、今の若者はとても敏感なのです。

「I話法」で株が上がる

若手に頼みごとをするときには、「やってくれると（自分が）助かる」とストレートに、自分の責任で頼むのが、正解です。

「この仕事をやってほしいです」
「引き受けてくれるとうれしい」
「困っているので助けてくれないか」

いずれも前項で見た「I（私は）話法」です。このほうが、変にそれらしい理屈をつけるよりも、**対等な者同士のフェアなやりとり**になります。

そもそも相手には断る権利がほぼないわけです。「あなたのため」と親切めいたことを言われたり、「悪いようにはしないから」と押し切られるよりも、ストレートに依頼されたほうが気持ちがいい。相手だってそれぐらいの覚悟はできています。

また、何をやってほしいのか、いつまでにやってほしいのか、こちらの希望をしっかりと伝えることも大事。相手に気をつかうあまり、ぼんやりとした伝え方をすると、かえって戸惑わせてしまいます。

「来週の火曜までに資料を仕上げてほしい。もし、難しそうだったら相談してくれる？」

気持ちのいい頼み方は、年長者の株を少しずつですが確実に上げていきます。

ポイント

ごまかさずに自分の責任で頼む

13
頼む ②

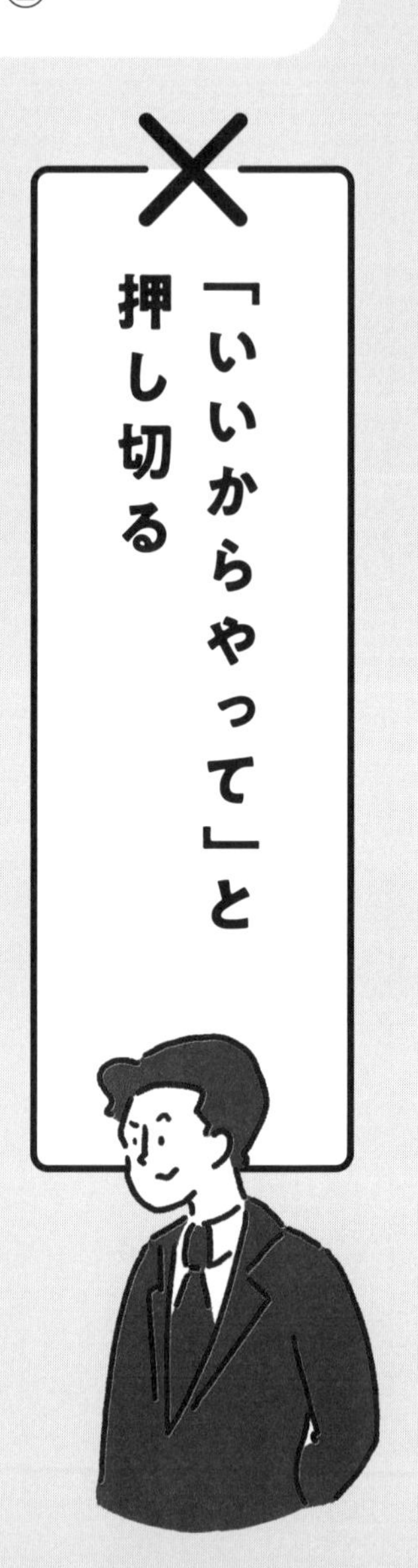

×
「いいからやって」と押し切る

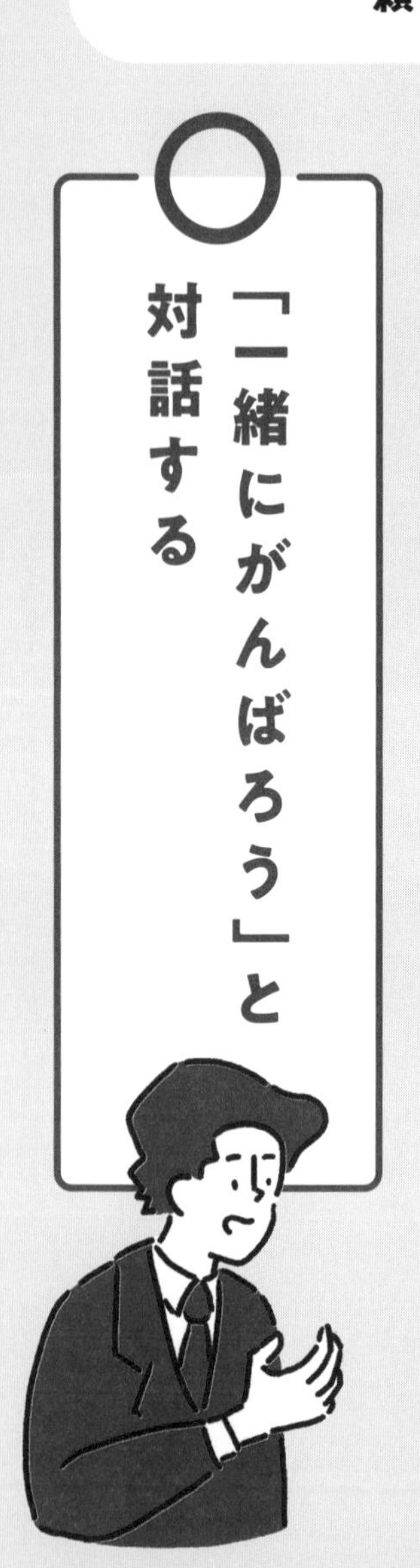

○
「一緒にがんばろう」と対話する

「仕事なんだから、責任もってやってくれよ」
「明日の会議までに、ちゃんと間に合わせてよ？」
「部長もああ言ってるから。もう少し経験積むまで、ガマンガマン」

若手と話していて、ろくに相手の事情も聞かず、「上下関係」をたてに押し切ろうとする人がいます。

こっちにはこっちの事情がある。いいからやってくれ、仕事ってのは、そういうものなんだから……。ですが、それは不正解です。

相手は完全に**「上から押しつけられた」という気持ち**に。その場は「はぁ……」「まぁ……」と、言うことを聞いたとしても、到底前向きには取り組めません。

「言うことを聞かせた！」という手応えは得られるかもしれませんが、同時に「話を聞いてくれない人」「懐の狭い人」という不名誉も手に入れてしまいます。

何の工夫もなしに「そういうものだから」「決まってるから」と上意下達させようとするのは、役所だけでたくさん（笑）。そういうダメな「お上」にはなりたくないものです。

「We話法」で巻き込む

若手と話すときは、一度目線を同じにして「対話」するのが正解です。


「確かに、それはひどいな。よし、なんとか一緒に乗り切ろう」

「ちょっと大変だろうけど、なんとか明日の会議までに間に合わせようね」

「ほんと、部長も頭固いよなあ。どうやったら納得してもらえるか、考えようか」

・相手の事情や気持ちをいったん受け止めて共感する
・You（あなたは）話法ではなく、We（私たちは）話法で巻き込む
・「Do」ではなく、「Let's」で一体感を醸成する

・「共通の敵」を作って共闘を張る

など、具体的な手法はさまざまです。

いずれの場合も、**目線を下げることが大事です。**オトナが小さい子に話すときに、しゃがみこんで目線を同じにしますよね。あのイメージです。そうすれば「話を聞いてくれる人」「受け止めてくれる人」というよい評判が立ちます。

最終的には「言うとおりにさせる」という「結果」にたどりつくとしても、大事なのはその「過程」なのです。

ポイント

上からの命令ではなく、同志として共闘する

14
フィードバック

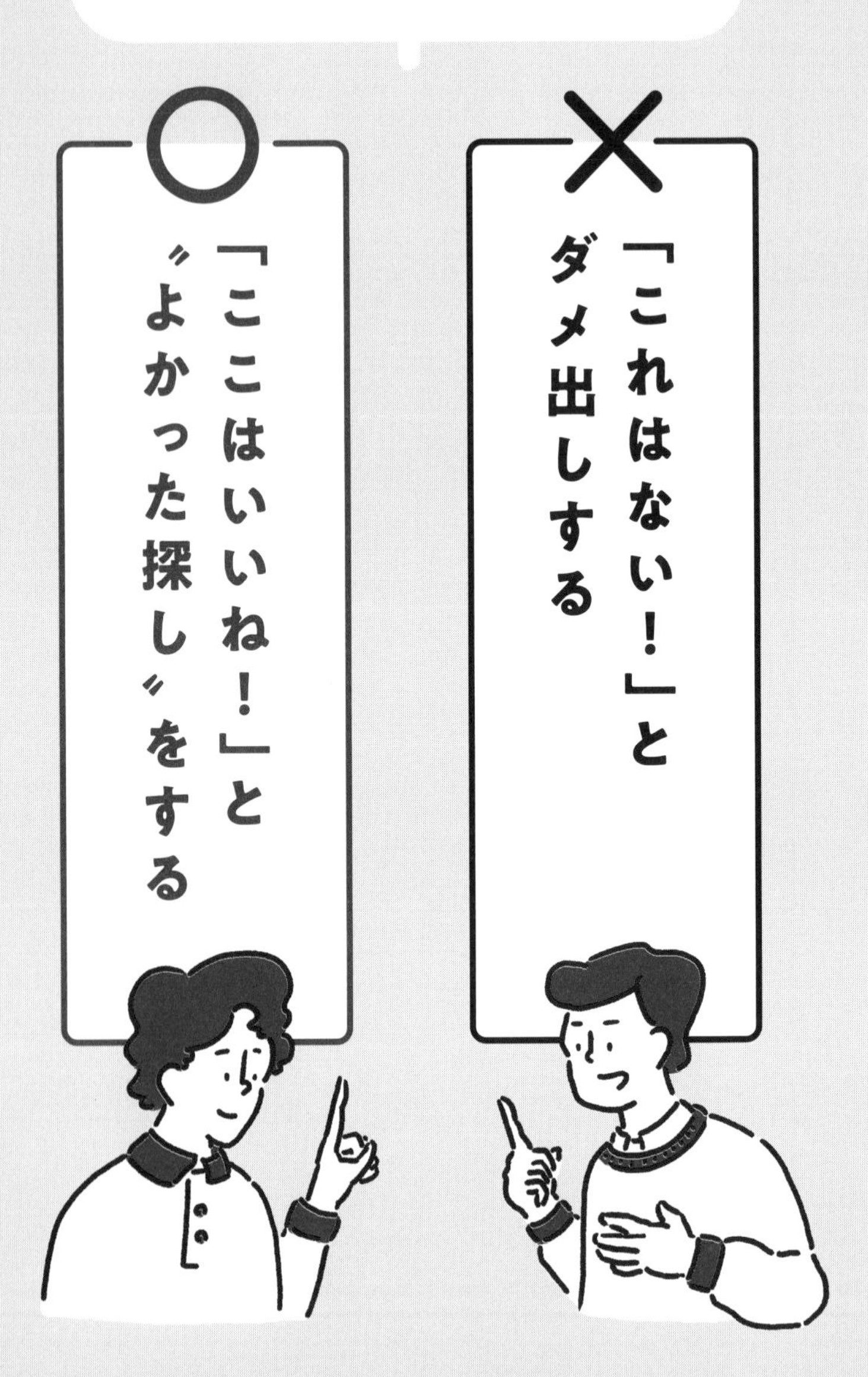

○
「ここはいいね！」と〝よかった探し〟をする
×
「これはない！」とダメ出しする

「明日のプレゼン資料、チェックお願いします」

「……これはないな。一ページ目だけどこのグラフ何？　もっと具体的なデータを見せないと説得力ないよ。それからこの図、どうなの？　他になかった？」

若手へのフィードバックの際、すぐに否定から入る人がいます。ですが、それは不正解です。

忙しいし、改善点だけを端的に伝えたい。さっさと自分の仕事に戻りたい……。先輩としての威厳や知見も示しながら、手短にアドバイスしたつもりかもしれませんが、これでは**プレゼンは勝てるかもしれませんが、「若手からの信頼」は勝ち取れないでしょう。**

ネガティブな指摘や否定的な意見、辛口のコメントを言うと、手っ取り早く頭の良さやセンスを誇示できるような誤解がまだまだあります。口コミサイトや商品レビューがいい例です。

ところがそういうネガティブなリアクションは、実際には周囲から人が遠ざかっていく原因に。誰しも、否定ばかりする人と一緒にいたいとは思わないからです。感情的だろうが冷静だろうが、「ダメ出し」は、誰のことも幸せにしないのです。

「ポジティブフィードバック」は必須能力

若手にフィードバックする際、優れた点を探して伝える「ポジティブフィードバック」が正解です。

「ありがとう。早いね。一ページ目のグラフは具体的なデータを見せると、説得力が出そうだね。それから、図については他の案も検討してみない?」

ポイントは「いいね」「ありがとう」というポジティブな言葉で口火を切ること。まずは期日通りに仕上げたことに対して「いいね」と認め、「ありがとう」と感謝します。内心は「おいおい……」と思っていても、何かしらいいところを見つける「よかった探し」

は、年長者として身につけるべき必須能力。その上で修正してほしい箇所を前向きな言い方で伝えます。ここで気をつけたいのは、ネガティブな物言いを避けようとするあまり、持って回った言い方になることです。

「うーん。悪くはないんだけど……、そうだなあ、しいて言うなら具体的なデータを使えるといいかな……」

こんなふうに遠回しに問題点を伝えられると、若手はかえって困ってしまいます。「修正しなくてもいいのかな？」という誤解も生まれるでしょう。

「ダメ出し」は簡単です。正直、誰でもできます。「よかった探し→前向き改善」はめんどくさくて難しい。それをやらなくてはいけないのが年長者なのです。

ポイント

いいところを探してほめる。改善はそこから

15

フォローする

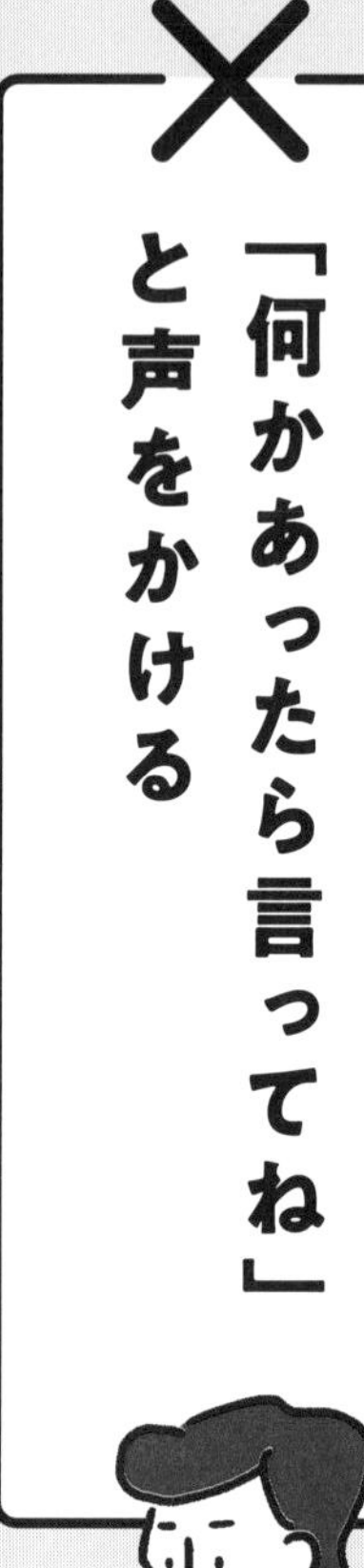

×
「何かあったら言ってね」と声をかける

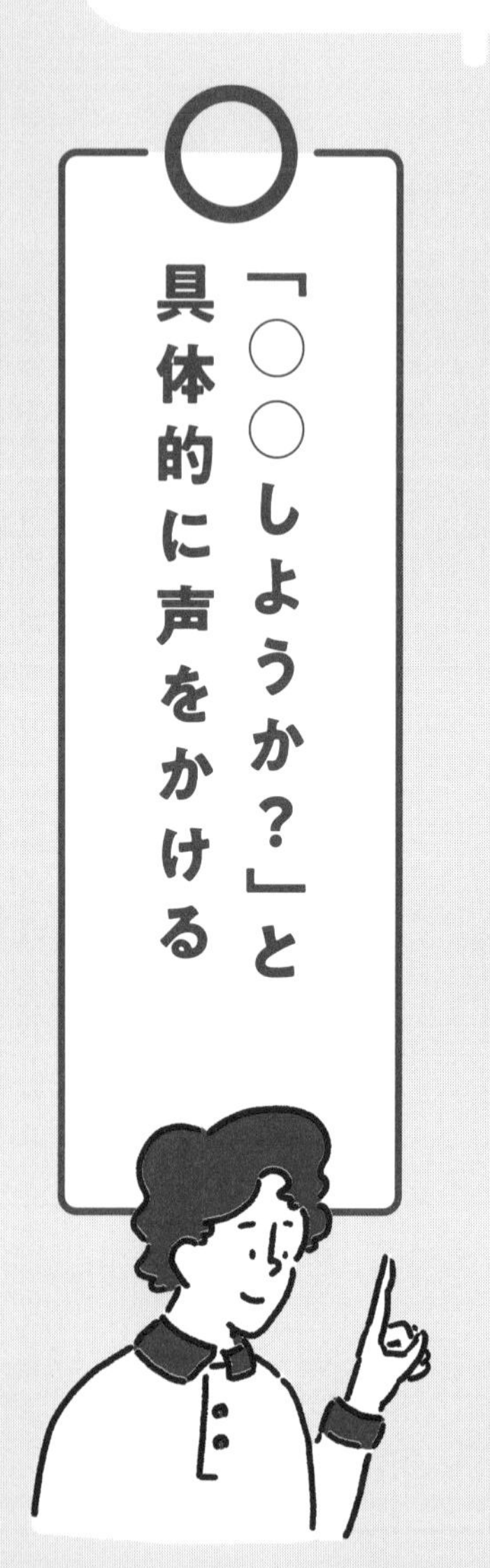

○
「○○しようか？」と具体的に声をかける

「何かあったら言ってね。俺でよければ、いつでも相談に乗るから」
「困ったことがあったら、いつでも言ってよ」

大変そうな若手に向かって、こういうふうに声をかける人がいます。ですが、これは不正解です。

こちらは親切心で言ったとしても、言われたほうとしては、意外とうれしくない。表面的には「あ、はい。ありがとうございます」と返しつつも、内心は救われていないのです。

「社交辞令で言われているのか、本当に頼りにしていいのかわからない……」
「何をどう相談したらいいかわからない……」

自分が若手だったときのことを思い出してみてください。年長者への相談はとてもハードルが高いものでしたよね？　「ほんとにこんなこと聞いていいのかな？　いやさすがにダメか？」と躊躇してしまったものです。

これが普通の精神状態のときなら「そういえば、いつでも相談に来いって言ってくれてた！」と思い出すこともあるでしょう。ですが、テンパっているとき、ピンチのときはなかなか難しい。

結果、トラブルになってしまってから、若手は「誰にも相談できなかった……」と孤独を抱え、年長者は「あれだけ『抱え込むな』と言ったのに……」と不満をためることに。お互いにとってよくありません。

「親切アピール」よりも大事なこと

若手に対して、本気で「困ったことがあったらいつでも相談してほしいし、力になりたい」と思うなら、具体的に「できること」を提案するのが正解です。

「大変そうだね。リサーチでも手伝おうか」
「A社の担当さんから連絡あったけど、代わりに折り返しておく？」

もちろん、ピンポイントで見極め、手を差し伸べることができれば理想です。しかし、仮にズレていたとしても、かまいません。**最初にアクションを起こしてもらえれば、相手はSOSを出しやすくなるからです。**

「リサーチは終わってるので、これを手伝ってもらえると助かります！」

「ありがとうございます！　折り返しは大丈夫なんですが、見積もりがまだで……」

最初はうまくいかなくても、次第に差し伸べポイントがつかめてくるはず。そうやって、目の前の人の「困りどころ」を見極めるのも年長者のお仕事。今後、もっと多くの部下をマネジメントするときに生きてくるはずです。

ポイント

「何か」ではなく、具体的な助け舟を出す

16
報告

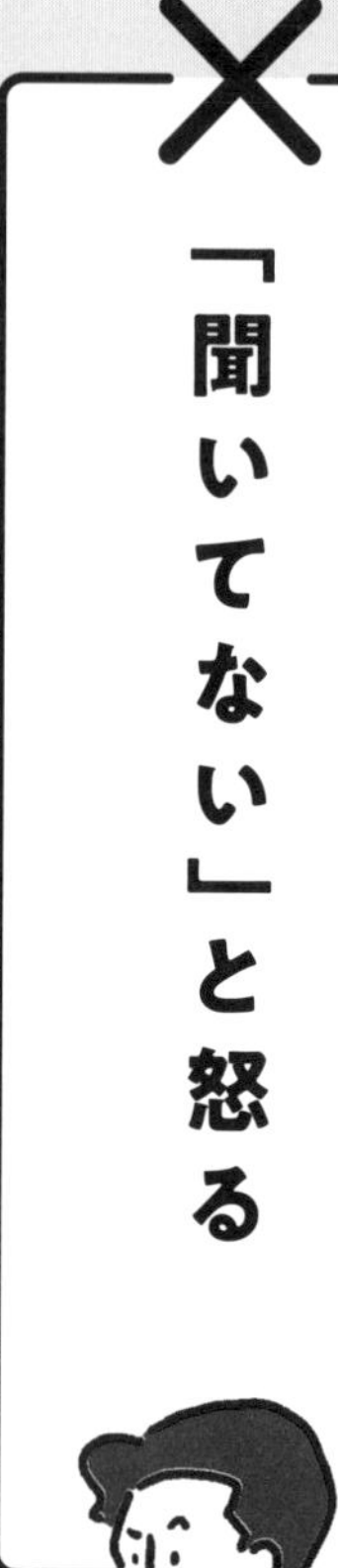

○
「今からできることある？」と尋ねる

「え？　なにそれ、聞いてないんだけど」
「情報来てないな。どこ案件の話？」
「ちゃんとリマインドしてよ～」

若手からの報告が遅れたとき、「なにそれ？」「聞いてない」と怒る人がいます。

上司としてきちんと把握しておきたい、すべての情報は自分を通るようにしておきたい、大事な案件はリマインドしてほしい……。ですが、これは不正解です。

なぜならこれは、**どこの会社にもいる、何かにつけて「聞いてない！」と不機嫌になるベテラン勢**を彷彿とさせるからです。彼らの言う「なんだと！　ワシは聞いてないぞ！」と、今回の「えー、聞いてないよー」は若手から見ると似たりよったり。

いくらこっちが「聞いてない」と憤慨しても、相手としては「ちゃんと言ったし！」「メール見てないそっちが悪いんじゃないか」「いちいちリマインドなんてしてられないよ」と言い分があるはず。不毛な水掛け論になりかねません。

「聞いてない」は自分のミス

若手からの遅すぎる報告に対しては、怒りたくなる気持ちをぐっと抑え、「今からできることあるかな？」と尋ねるのが正解です。さらに「情報を追えてなくてごめん」のひと言が添えられればパーフェクトです。

そもそも上司たる者、机で情報を待ってふんぞり返っていてはいけません。**ちゃんと報告がなされていない＝自分が知らないのは、究極的には自分のミスです。**相手を責めるのではなく、「今から追いつく！」とアピールすべき。

そうすれば自然と部下としても、「すみませんでした、実は今こうなってて……」と、落ち着いて報告することができます。

こうした普段のやりとりで関係が作れていれば、指導も聞こえ方が変わってきます。

「次からはちゃんと報告してよ、ビックリしたよ」
「ですよね。すみません！」

鷹揚に構えず情報は自分から取りに行く。遅くなっても積極的にコミットする。そんな姿勢を常に示すことで、正しい関係が築けるはずです。

ポイント

ムッとしてないで、追いつこうとする

17
マナー

✕

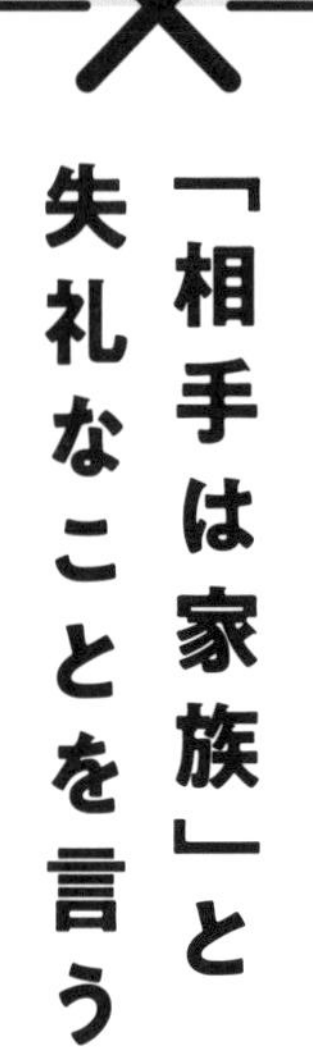
「相手は家族」と失礼なことを言う

○

「相手は取引先」とマナーを守る

「最近、お腹出てきたんじゃないの？　それじゃ彼女できないよ？」
「今度、いい店連れて行ってやろうか？」
「襟足が清潔感に欠けるんだよね〜。ちゃんと美容院行ってる？」

若手に向かって、見た目を話題にしたり、性的に踏み込んだことを言う人がいます。「結婚は？」「彼氏は？」「子作りは？」といったどストレートなセクハラはもちろん言わない。けどまあ、これぐらいは大丈夫でしょ。だいたい自分はフランクな上司だし、部下とは家族のような距離感で接している。からかいにも愛情があるんだからＯＫ……。ですが、それは不正解です。

部下や後輩は、家族ではありません。他人です。というか、ビジネスの相手です。言ってみれば、取引先です。となれば、話し方にもそれなりの礼節が求められます。

あるセクハラ研修でこのようなＮＧワードについて、「同じことを自分の娘にも言えますか？」と講師に尋ねられてもピンとこなかった受講者が、「じゃあ、得意先の娘さんならどうです?」と詰められて初めて「そ、それはまずいです……」と顔を青くした、という話があります。

部下や後輩、自分の家族や子どもは「下」だから言ってもOK。クライアントやクライアントの家族は「上」だからNG。これが長く浸透してきた上下感覚ということでしょう。

実際この誤った距離感は、さまざまなハラスメントの原因となっています。

「ハラスメントか否か」の絶対基準

若手に対して、「これはハラスメントにあたるかな?」と迷ったら「取引先に言えるかどうか?」で判断するといいでしょう。当然、見た目を話題にしたり、性的に踏み込んだことは言わないのが正解です。

「最近、お腹……いや、何でもない」

「今度、いい店……いや、何でもない」

「襟足が……いや、何でもない」

本当は、取引先どうこうの前に人間の尊厳の問題です。「仕事をくれる相手は神様」という思想も危険です（逆に、「発注先には厳しくあたる」ということになりかねないので）。

ですがとりあえずは、**身のまわりの人すべてを大事なビジネスパートナーと考えて、特に社内の若手との会話には、クライアントレベルの意識を働かせる**のが、現実的な解決策と言えるでしょう。

ポイント

部下や後輩は手下ではなくて、取引先

18
いじる

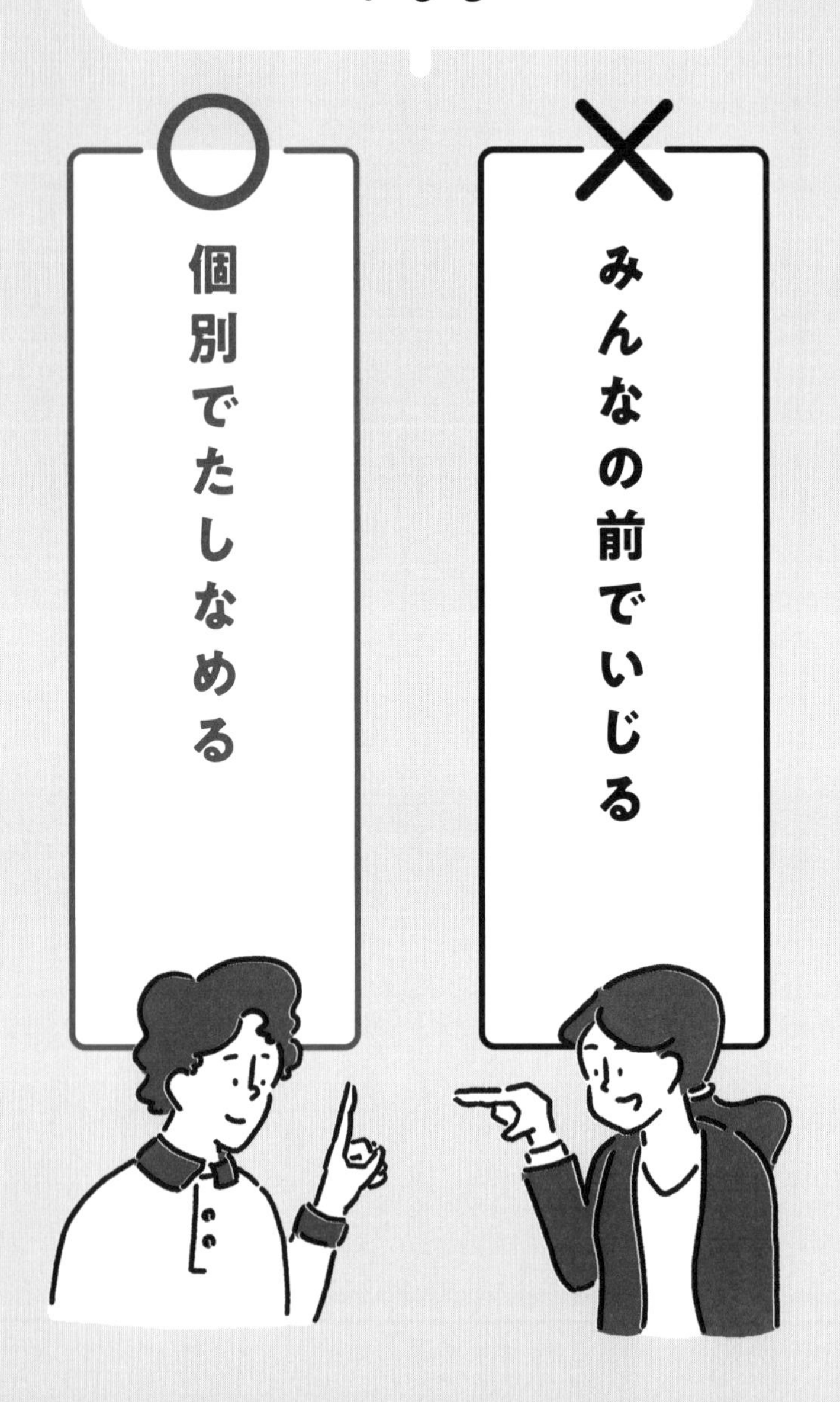

×
みんなの前でいじる
○
個別でたしなめる

「今日遅刻するなんて、相当の大物だよね。俺なんて絶対できないもん（笑）」
「出た！　〝大先生〟は、資料作りのこだわりが強いからな〜（笑）」
「そこで噛むかね⁉　もしかして、本番に弱いタイプ？（笑）」

若手の失敗や小さなミスを、笑いに変えてフォローしようとする人がいます。よかれと思っていじってあげる、「気にするなよ」とからかう、愛情込めてつっこむ……。ですが、これは不正解です。

学校や職場でのいじめが問題となって久しいですが、**「いじり」と「いじめ」は紙一重**ということは常識となっています。「その場を盛り上げようとしただけ」「そのほうが恥ずかしさが紛れるはず」と思うかもしれませんが、相手の気持ちはわかりません。

しかもこうやって笑いに変えられると、若手としては「やめてください」「そっとしておいてください」と表だって文句を言えないのも、よくない点です。

しかもそうやってフォローしている側に1ミリも悪意がないか、というと怪しいでしょう。遅刻したこと、資料作りが遅いこと、言い間違えたことをとがめたい、みんなに知らしめたい。だから、フォローのようなクレームのような言い回しになるわけです。

相手が「恥ずかしい」「つらい」とうっぷんを溜めないためにも、こうしたいじり・からかい・つっこみは避けるべきでしょう。

「人気者」になりたい人が陥るワナ

若手のミスや失敗については「いじる」のではなく、今後の改善をうながすべき。しかも、全体ではなく個別で言うのが正解です。

「今回はドンマイ。でも、遅刻には本当に気をつけてほしい」
「ちょっと時間かけすぎかな。全体のスケジュールもあるからさ」
「緊張するよね、わかるよ。次回、期待してる」

「叱る・注意する」については、いろいろな流儀や手法がありますし、相手や関係性によっても変わりますが、「ポジティブなことはみんなの前で、ネガティブなことは個別で」が、基本です。

残念なことですが、**年長者から若者への言葉は、ポジティブなものほど心に残らず、ネガティブなものほどあとをひきます。**どれだけいいことを言っても周囲の記憶には残らず、むしろ、たったひと言で「ひどい」「冷たい」とネガティブな印象に転換してしまう。

「人気者になりたい」と、間違ったお笑いテクニックを磨くよりも、「余計なことを言わない実直な人」を目指したほうが、よほど信頼されます。

ポイント

いじらない、からかわない、つっこまない

19
相談を受ける

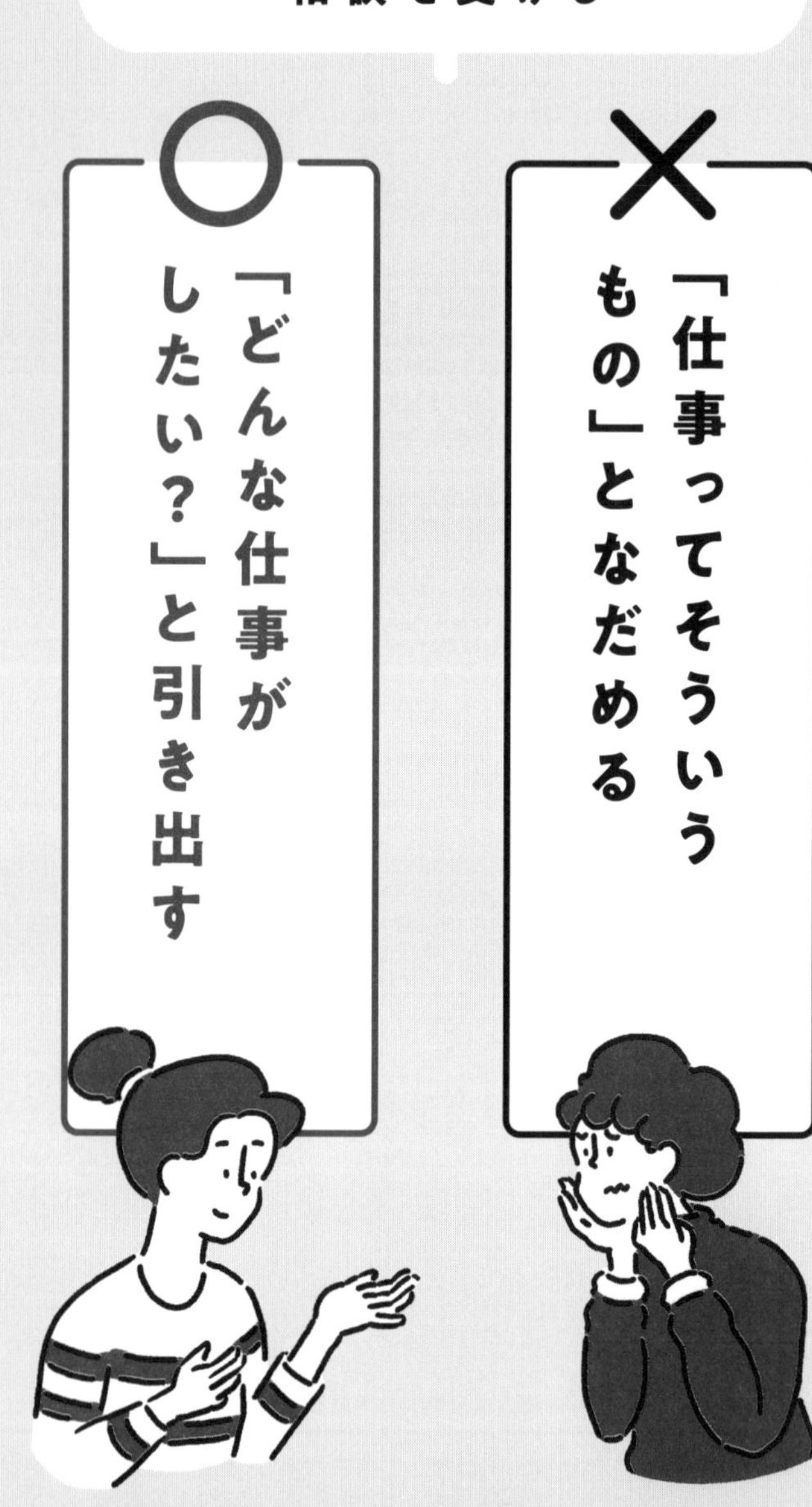

○
「どんな仕事がしたい？」と引き出す
×
「仕事ってそういうもの」となだめる

「うちの会社がやってることって、意味あるんですかね？」
「まぁほら、仕事ってそういうものだから」
「私、向いてないんですよ、根本的に……」
「そんなことないって。それぐらいの年頃はみんな悩むものだし」

若手に仕事の悩みを打ち明けられたとき、「そういうものだよ」「あるある」と慰める人がいます。

自分自身が経験した悩み。あるいは、そういう人をたくさん見てきた。だからこそつい「我慢してればいつか終わるよ」「あなただけじゃないよ、ためこまないで」とフォローしたくなる（そして、ナイーブな若者に社会の現実を教えてあげたくもなる）……。ですが、それは不正解です。

悩み相談をする人は、自分の悩みをそのまま受け止めてほしいと思っています。

「よくあること」と簡単に片づけられたくないし、「我慢するしかない」という正論を聞きたいわけでもありません。

こちらもだいぶ浸透した知識ですが、悩み相談は、「大変だね」「困ったね」「それはつらいね」と、共感のあいづちを打ってそのまま受け止めるのが常道です。相手の言葉をオウム返しするなども効果的。

どれだけそのジャンルについて詳しくても、どれだけ相手のことを心配していても、**さくさくとアドバイスはしない。とうとうと自分の経験は語らない。**それが年長者に求められる我慢です。

「前向きな意志」を引き出せればベスト

若手に対して、悩みを否定せず、決めつけず、正論で片づけず、さんざん聞くだけ聞いたあとできることは**「相手の中から答えを引き出す」**です。

「意味ねえ、大事だよなー。どんな仕事だと意味を感じられるかねえ？」

「……もともと、僕って、海外の貧困を救うような仕事をしたかったんですよ」

「向いてない、かあ。どういうときに向いてないと思うの？」

「……私、昔から細かい作業が苦手で。あ、でも企画考えたりするのは楽しいんです」


そうやって、悩みの裏返しである前向きな意志まで引き出せれば、言うことなしの大正解。当然、それには時間がかかります。「サクッとクレバーに課題解決」は、若手との悩み相談においては禁物中の禁物と心得ましょう。

ポイント

サクッとまとめずに、広げる・引き出す

20
語る

「じゃあ、私からは最後にひと言だけ。まずは……ってところかな。あ、あと……だと思います、はい。……あ、そうそう、これは言っていいのかどうか分からないけど……じゃあなんでこうなったかって話で……」

「総括としてはそうだなあ、要するにさ……。結局のところ……だと思うんだよ。でね、そもそもの話……なわけよ。あ、それで言うと……ってこともあるか……」

若者からひと言求められたり、まとまった話をしたりするとき、とにかく話が長い人がいます。

せっかくの機会だからあれも言いたい、これも言いたい。あんまり短いと格好がつかないし。年長者としてふさわしい意義のあることを言おう、若者に感銘を与えよう……。ですが、これは不正解です。

若者は、そもそもそれほどまじめに年長者の話を聞いてくれません。悲しいことですが、それが現実です。

小学校のとき、朝礼で聞く校長先生の話、長く感じましたよね。今から考えれば、それなりにいい話をしてくれていたはずです。ですが、生徒たちの耳にはまったく届かない。オトナになっても、その感覚は変わりません。

年長者の人が言ってくることはたいてい、めんどうなこと、うるさいこと。相手がそう思っている以上、長々と話すのは得策ではありません。

長さよりも「頻度」で勝負

若者の前で話すときには、なるべく短く話すのが正解です。

「じゃあ、ひと言だけ……◎◎の点がすばらしかったです。おつかれさまでした」
「今回のキーワードは●●です。詳しく聞きたい人はあとで個別で話しましょう」

こうすることで、**関心のない人は「早く終えてくれた」と好感を持ち、関心のある人は「続きが聞きたい」とさらに興味を持つでしょう。**

そもそも〝めったにない機会〟だから、つい「あれもこれも」と詰め込んでしまうわけです。「印象づけたい」と思うなら、「長さ」よりも「頻度」で勝負するのがいいでしょう。

大きな会議だけでなく小さな打ち合わせにも頻繁に参加して、こまめにコメントする。個別できちんと雑談し、メールやＬＩＮＥにも快く対応する。

もちろん、それには手間がかかります。めんどくさいから、どんと一気にすませたい……。

ですが、そういうひと手間を惜しまない姿勢こそが、「相手を軽んじていない」メッセージとして伝わるのです。

ポイント

話は短く、何度もする

21

謝る

✕

「そうだっけ？」と
とぼける

○

「ごめん！」と
素直に謝る

「これって、先週も教えましたよね」
「そうだっけ？　おじさんだから覚えられなくてさ。いじめないでよ～」
「ここの色、他と違ってますけど？」
「あ、だよね、だよね。でもさー、この指示わかりにくくない？（笑）」

若手からミスを指摘されたときに、「そうだっけ？」「あ、だよねー」と、とぼける人がいます。

失敗して恥ずかしい、ショック。でもそれを表に出すのはもっと恥ずかしい。だからすっとぼけることで、「お茶目で憎めない人」「細かいことは気にしない大らかな人」と思われたい。だって、そのほうが相手としてもシリアスにならなくていいでしょ？……。ですが、それは不正解です。

相手からすると、**言いにくいことを指摘して、そのあげくにヘラヘラされたら、それは**

当然頭にきます。よほどの愛されキャラでもない限り、「憎めない」とは思われないでしょう。「ミスを認めないダメな人」「成長のない人」というレッテルを貼られるのが関の山です。

逆の場合を考えてみてください。何を言っても「そうでしたっけ?」ととぼけてきて、「ですよね、ですよね」とのらりくらりと話にならない若手。想像するだけで、「あー、もう、勝手にしろ!」とさじを投げたくなります。

「かわいいおじさん・おばさん」になる唯一の方法

若手の前で失敗したときは、言い訳したりとぼけたりしないで、まずは「ごめん!」と謝るのが正解です。

「あれ? これって、先週も教えましたよね」
「ごめん! うーん、なかなか覚えられないな……。もう一度だけ教えて!」

「ここの色、他と違ってますよね？」
「ほんとだ！　ごめんなさい！　気づいてくれてありがとう！」

素直に謝る、感謝する、やる気を見せる。**「オトナのかわいげ」というものは「舌をぺろっと出して開き直る」ではなく、「素直に謝る謙虚な姿勢」にこそ宿ります。**

「謝るのは沽券に関わる」「あっちの言い方もよくない」などというプライドを捨てて、ぺこりと頭を下げさえすれば、「器の大きい人」「偉ぶらない人」という評価につながる。
そういう意味では年長者なんてラクなもの、ともいえます（笑）。

ポイント

まずは謝る。とぼけない、言い訳しない

第3章

雑談・飲み会編

22

経験を話す

×

「あの仕事は自分がやった」と手柄を誇る

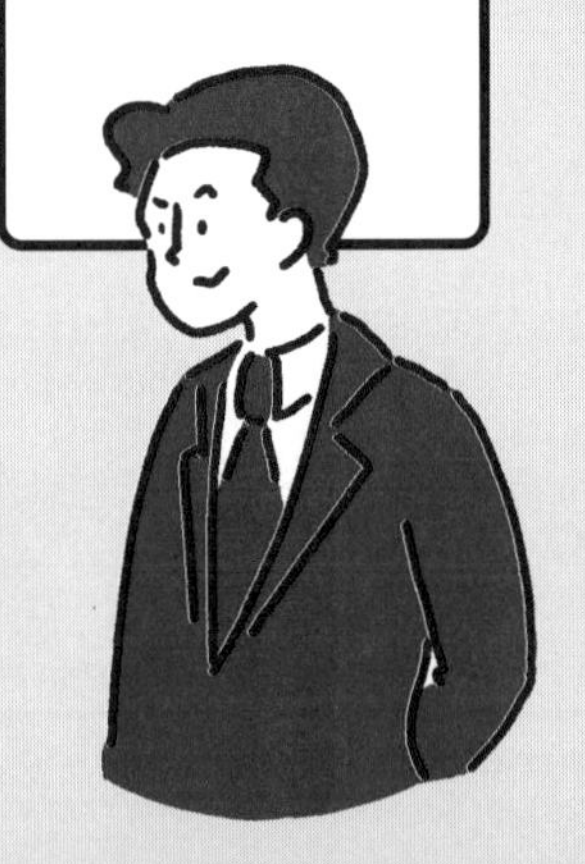

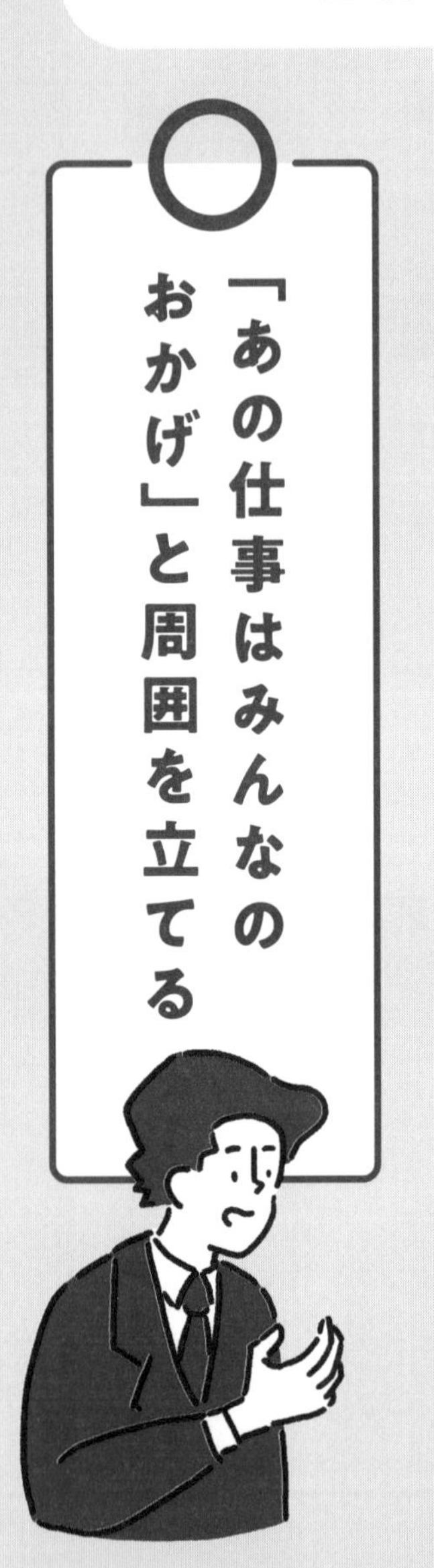

○
「あの仕事はみんなのおかげ」と周囲を立てる

「〇〇のキャンペーン、当時話題になりましたよね、覚えてますよ」

「ああ、あれ？　あれは俺が手がけたんだけど、大変だったなあ〜」

「え、じゃあ、今の営業部のスタイルって……」

「そうだね、土台は私が作った感じかな。いろいろあったよ、あの頃は」

過去に自分が関わった仕事が話題になったとき、若手に対して、「自分の仕事」「自分だけの手柄」のように話を盛る人がいます。ですが、それは不正解です。

ちょっとしか関わっていない仕事も、まるでリーダーとしてメインで引っぱっていたかのように語ってしまう……。**巷には「あれオレ詐欺」（何でもかんでも「あれも俺がやった」と吹聴する）という言葉もある**そうです。

「すごい」とほめてもらいたい。そのときの苦労をわかってもらいたい。自慢したい、一目置かれたい。そんな気持ちが抑えきれず、つい、過去の栄光や武勇伝を、ひけらかしてしまうわけですが、当然、若手は、「過去の栄光にすがっている残念な人」と見下し、「はいはい、話半分に聞いておこう」と冷めてしまいます。

かといって、謙遜しすぎるのも考えもの。

「俺なんてたいしたことしてないよ。若い頃はほんと使えなかったんだから」
「私なんて、ほんとペーペーだったから、雑用ばっかり！」

これはこれで若手はリアクションに困ってしまいます。

「みんなのおかげ」は万能ワード

若手に対して昔の仕事の話をする際には、「みんなのおかげ」と当時のスタッフ全員を立てるのが、正解です。

授賞式やヒーローインタビューを思い浮かべてください。皆、口を揃えて「スタッフの皆さんのおかげ」「支えてくれたファンのおかげ」と、周囲を立てています。「周りへの感謝」が好感度につながることをよく知っているからです。応用編としては、特定の誰かを指名して持ち上げる方法もあります。

「あのキャンペーンは、〇〇さんのおかげ！」
「〇〇さんの仕切り、ほんとすごかったんだから。私はただ見てただけ（笑）**」**

他人を持ち上げる自慢話はイヤミがないので、「そうなんですか！」とあいづちを打ちやすい。もちろん当の〇〇さんも悪い気はしない。いいことずくめです。ダメ押しに「いやー、ほんと同僚や部下には恵まれてきたよ」と、暗に目の前の相手を持ち上げるかどうかは、さじ加減です（笑）。

ポイント

他人の手柄なら思う存分自慢していい

23

謙遜する

○

ほめられてから
感謝する

「狭い家でごめんねー」
「俺なんて、みんな陰では文句ばっかりだよ」

若者に対して、先手を打って自分を下げてしまう、卑屈になってしまう人がいます。ですが、これは不正解です。

相手としてみれば、「そんなことないですよ、ごにょごにょ」「みんな『すごいなあ』って言ってますよ、ごにょごにょ」とフォローする必要が出てきます。冗談ででも「確かに狭いですね」「文句言ってない人もいますよ」とマジレスするわけにはいきません（笑）。

これが「一戸建てですか、いいなあ！」とか「昇進おめでとうございます！」とか、先に**ほめられてからのリアクションならまだＯＫ。**それは様式美というか社交辞令として成り立っています。ですが、先出しで謙遜されると「えっと、何も言ってないですけど？」と反応に困ってしまうのです。

過剰な謙遜、先出しの卑屈は、若者に対しては、気をつかわせるからNGと覚えておきたいものです。

「ありがとう」でスッキリ

若者に対しては、「ほめられてから謙遜」が、基本。

その場合も、さらっと「いえいえ」「いやいや」くらいにとどめましょう。ああでもない、こうでもないと、大して思ってもいない謙遜を並べたてると、その話題に終始してしまうのでいただけません。

さらには、謙遜するヒマがあるなら、感謝するのが、大正解！

「**一戸建てですか、いいなあ！**」「**ありがとう！**」

「**昇進おめでとうございます！**」「**うれしいなあ**」

このほうがよほどスッキリします。

そもそも若者は、放っておいても自動的に年長者を立てようとしてきます。それはそれで相手なりの社交辞令なわけです。

社交辞令を真に受けていつまでもダラダラと謙遜するのではなく、さっと切り上げて、もっと楽しい話題に移るのが年長者の責務です。

ポイント

ダラダラ謙遜していないで、話題を変える

24

飲み会

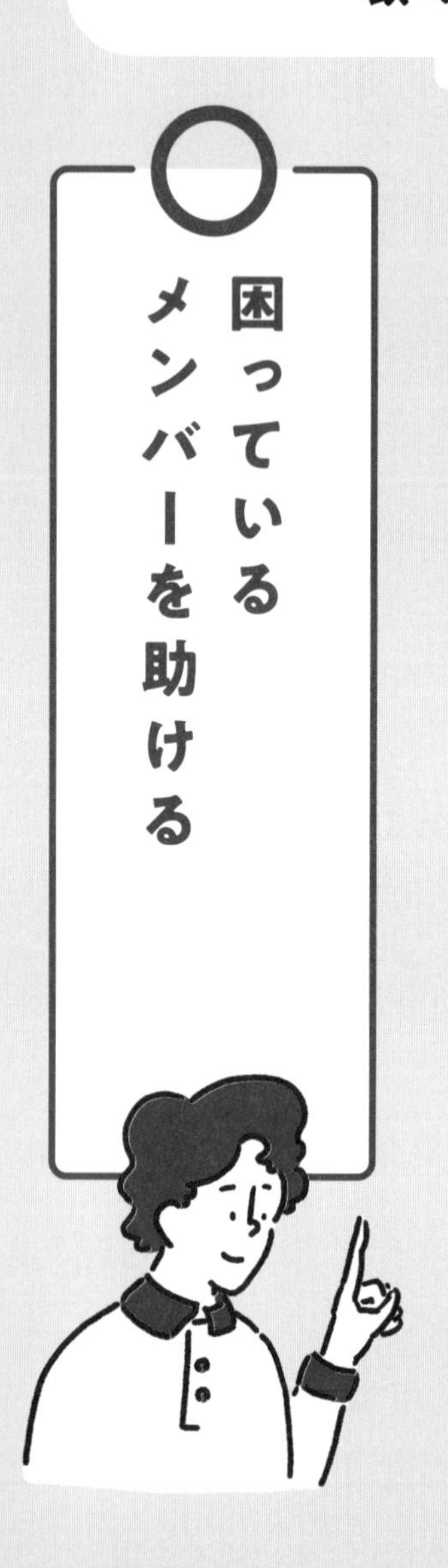
○
困っている
メンバーを助ける

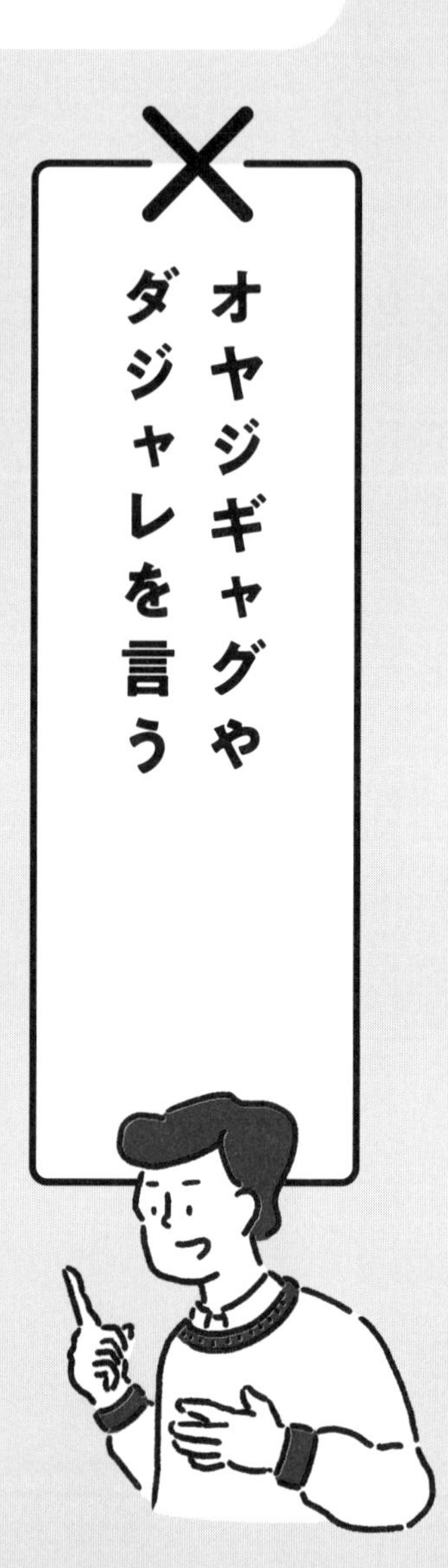
×
オヤジギャグや
ダジャレを言う

「うちの部にも、大谷翔平（しょうへい）を招聘（しょうへい）しようか、なんつってね」

「はい、お釣り、２００万円！（笑）」

若者を前にして、どうでもいいギャグやくだらないダジャレを言う人がいます。疲れているとき、ほろ酔いのとき、楽しくなっているとき。いつものストッパーが外れて口に出してしまう、我慢がきかない……。ですが、それは不正解です。

なぜなら、若者の立場ならそれを言わないだろうから、です。

年齢を重ね立場も上がり、上司や先輩の立場になったからこそ、心のストッパーが外れるわけです。「これぐらいいいだろう」「受け入れてもらえるだろう」と**油断するから、つい口から漏れてしまう。いわば年長者の特権。**

いっぽう若者はスルーするわけにもいかず、苦笑いするしかない。これでは人間関係として不公平。いわばハラスメントです。

「いやいや、そっちだって言ってくれてかまわないよ」「一緒に盛り上がろうよ」と思うかもしれませんが、若者としてはそうもいきません。**立場上、場の空気を寒くできないし、「恥」の気持ちもまだまだ強い。**

「こっちだって、悪気があるわけじゃないんだから」「がんばって場を和ませようとしてるんだよ」という気持ちもわかります。ですが、そのような善意は相手に届かず、むしろ「我が物顔に振る舞っている人」という印象を与えてしまいます。

「オヤジギャグ」がNGな理由

若者がいる場の緊張をほぐしたいなら、リラックスし、普通に会話をしましょう。ギャグやダジャレで笑わせてやろうと肩に力を入れたり、「無礼講だ！」とガソリンを注ぐのではなく、とりとめもない雑談をし、適宜メンバーに話を振る、ぐらいに止めます。

年長者に期待される役割は、「場を盛り上げること」よりも、むしろ「治安の維持」です。

酔っ払ってからんでいる人はいないか、嫌な思いをしているメンバーはいないか、会話がヒートアップしすぎているテーブルはないか、と目を配る。もしめんどうな若手がいたら「まあまあ」となだめ、「こっちで話そう」と引き取る。これが正解です。

みんなが安全に快適に過ごせるように目を配り、心理的安全性を担保することこそが、飲み会における年長者のお仕事。ヤヤウケするオヤジギャグではありません（笑）。

ポイント

若者なら言わないギャグは、年長者も言ってはいけない

25

教えてもらう

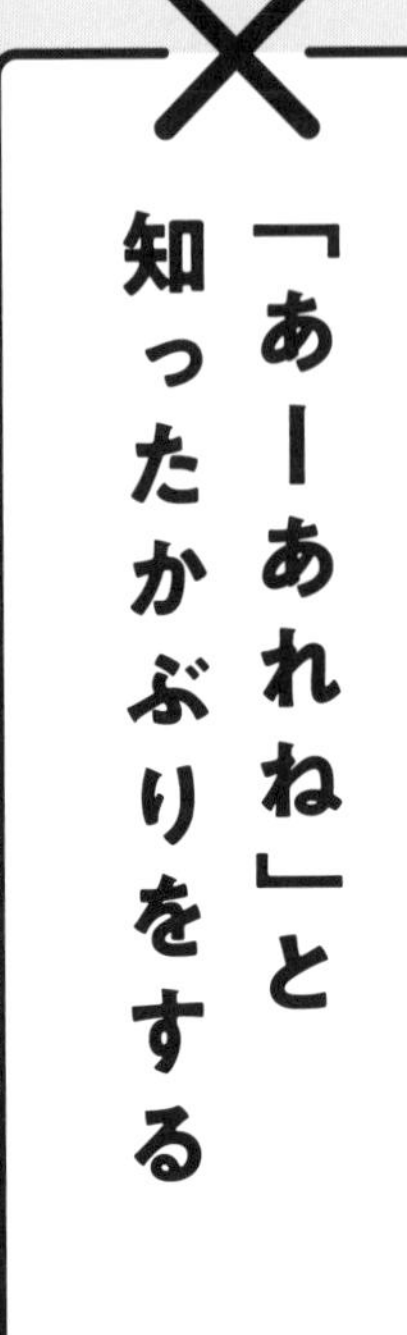

○

「それって何だっけ？」と素直に教えてもらう

「その界隈でも、ブロックチェーンが注目されてるみたいで……」
「ん？　ああ、ブロックチェーンね、うんうん。ところであの件、どうなった？」

若者と話していて、知らない言葉が出てくると知ったかぶりをしてごまかす人がいます。ですが、これは不正解です。

年齢を重ねると、つい見栄や意地ばかりが成長して、知らないことを知らないと言えなくなります。が、魅力的な年長者とは、「ものをよく知っている博識な人」ではなく「ものをよく知ろうとする柔軟な人」。それなのに、「バカにされたくない」と知ったかぶりをするのは、余裕のなさを見せつけているようなものです。

似たような「度量の狭さ」を示すものとして「決めつけ」があります。

人は経験を重ねると、価値観が固まり、他の考え方・視点を認めなくなりがちです。
「これはこうあるべきだ」と決めつけてしまったほうが、あれこれと考えなくてラクだし、

「自分の考えを持ってる人」みたいでかっこいい。

「要するにさ、転職するのはトータルで見ると賢くないってことだよ」
「結局、あの人は売り上げのことしか考えてないから。いや、そうだって」
「子ども産むなら若いうちのほうがいいよ。絶対！」

こんなふうに、あくまで自分の考えにすぎないことを、言い切って、決めつけて、人に押しつけようとする。これでは**加齢とともに思考が硬直していることを白状している**ようなものです。

「教わる」だけで印象アップ

若者と話していて、知らないこと、わからないことを目の前にしたときの正解は「それって何だっけ？」と素直に尋ねる、です。

これは最初が肝心。ちょっとでもわかった風を装うと、その先もどんどん苦しくなるばかりなので、早めに白旗を上げるといいでしょう。

「知らないことを『知らない』と打ち明ける」難しさは、相手もよくわかっています。だからこそ年長者が進んで「それ、知らない。教えてくれる？」と頭を下げると、「なんて謙虚な人なんだ」「教えます、教えます！」と印象が急上昇します。

知識に限らず、価値観やモノの考え方も同様。**馴染みのない考えを「そんなの認めない！」と拒絶していたら、あっというまに立派な「老害」になってしまいます。**そうではなく、「なるほどねー。正直、よくわからないんだけど、それってどうして？」と教えを請うのが、長い人生を考えたときには得策です。

ポイント

知らないことは、一刻も早く教えてもらう

26

同僚の転職・異動

×

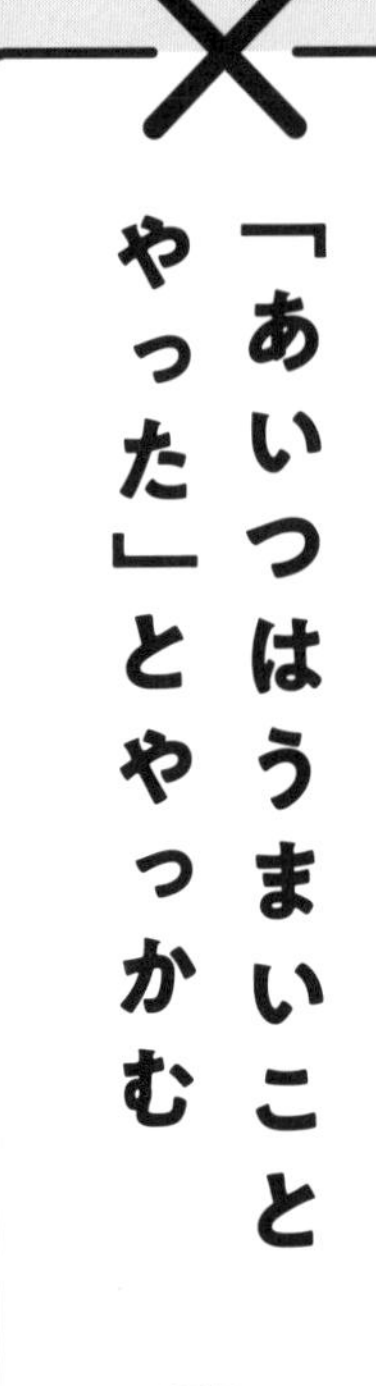

「あいつはうまいこと
やった」とやっかむ

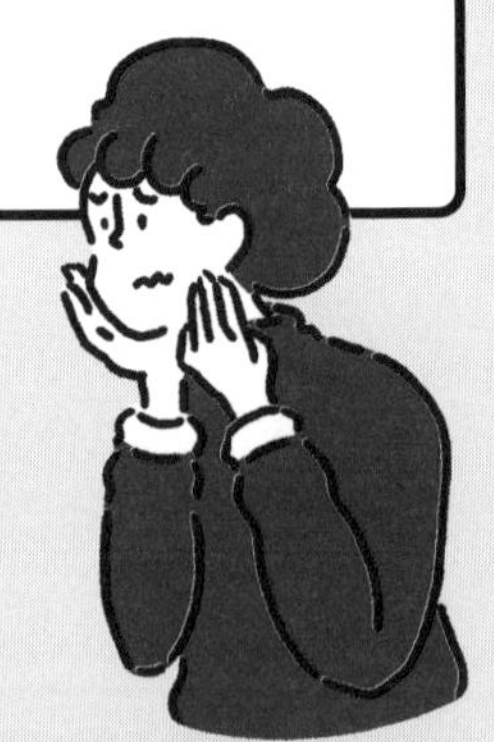

○

「がんばってほしいよね」
とエールを送る

「○○さん、転職するらしいですね」
「うまいことやったよなー。でもあの会社も今、どうなんだろうな」
「▲▲さんも経営企画に異動ですってね」
「あの人はもともと、■■部長と仲いいから、引っぱってもらったんだよ」

同僚が好条件で転職を果たした、花形の部署に異動したと、にわかに噂話が盛り上がることがあります。

そんなとき、若手の前で、「うまくやった」とうらやんだり、「たいしたことない」とくさしたり、「コネがあるに違いない」と噂話を披露したりする人がいます。ですが、これは不正解です。

会社というコミュニティにおいて、転職や異動は最大の関心事。あれこれ言いたくなる気持ちはわかります。これも、**同期の間で冗談交じりにやいのやいの言うのならまだOK。**

ですが、若手にとって年長者の発言は、そのままコミュニティの雰囲気を決定づけるので注意が必要です。

物欲しげにやっかむと「器の小さい職場」と思われますし、かといって、本当に羨ましがると「え、この職場、やばいの？」と心配される。とっておきの裏情報を披露しても「噂話の好きな職場」という評価になるでしょう。

どれも「職場を背負って発言している」という自覚が足りません。

「エール」はボロが出にくい

若手の前では、あれこれ言いたい気持ちをぐっとこらえるのが、正解です。

「○○さん、**転職するらしいですね**」

「**がんばってほしいよなー**」

「▲▲さんも経営企画に異動ですってね」
「もともと行きたかったみたいだし、よかったよね」

噂話とは一定の距離を置き「がんばってほしい」とエールを送る。その人の能力や、転職・異動先について評価するようなことを一切口にしない。このスタイルは誰がやっても、器が大きく見えるだけでなく、心の闇やボロが出づらいのがポイントです（笑）。

また、その話題がきっかけで「転職とか考えないんですか？」と聞かれたときも、待ってましたとばかりに「今の年齢から転職してもなあ〜。ローンがなあ」と愚痴るのはよしましょう。そこは「○○さんはどうなの？　将来的に何したい、とかあるの？」と相手の展望を聞き出すチャンスです。

ポイント

余計なことは言わず「がんばってほしい」の一択

27

昔話①

✕

「私たちの頃はさ〜」と
内輪で盛り上がる

○

「昔話していい？」

とエクスキューズする

「私たちの頃は、ほら、超氷河期だったから」
「そうそう。『100年に一度の大不況』とか言われて。マジかよーって」
「俺らが若い頃なんて、まだ今の管理システムになってなかったし」
「わー、懐かしい！　入力とか超めんどくさかったよね」

若者と話していて、「自分たちの頃と違うなあ」とショックを受けて、反射的に自分たちの世代で昔話に興じてしまう人がいます。

懐かしいあの頃。楽しかった日々。苦い経験すら、今はいい思い出。ああ、自分たちはがんばった、よく生き抜いた……。そうやって**互いの健闘をたたえ合い、信頼を確認し合う。悪いことではありません。**職場・コミュニティに所属する醍醐味とも言えます。ですが、それを若者がいる場でやるのは、不正解です。

まず大前提として、内輪ウケはよくありません。若手としては、知らないことばかりだし、関心だってありません。「へー、そうなんですか？」「その頃のこと聞かせてください」と前のめりになってくれるわけがないのです（仮にそういう若手がいたとしても、レアケースと思っておいたほうがいいです）。

さらに、そういう昔話が危険なのは「なんだかんだ言って、今の子たちは恵まれているよね」「そうそう。なんかエネルギーを感じない」など、**若者世代への批判に発展しかねない**ところ。若手としては、昔話がつまらないことは百歩譲って我慢するとしても、いつ説教されるかわからないとなると、「早く終わってくれないかな」と祈るような気持ちに。

「昔話を始めます」と宣言

とはいえ、久しぶりに同期と話せて興奮することもあるでしょう。若者との世代間ギャップを共有したい気持ちもわかります。

若者の前で昔話に興じる際の正解は「ちょっと昔話していい？」「同期トークしてい

い？」とひと言断ることです。

私たちはこれからひとしきり、昔話をします。懐古してひたります。しばしの間、我慢してください。そうやってエクスキューズすれば、相手も心の準備ができます。「説教」に発展しないとわかっていれば、気もラクですし、その間、トイレに行ってもいいし、スマホをいじってもいい。若い世代同士で話し始めるのもいいでしょう。

内輪ウケはなるべくしない。するときにはひと言断る。それが年長者の配慮というものです。

ポイント

内輪ウケは極力しない。する場合には断る

28

昔話②

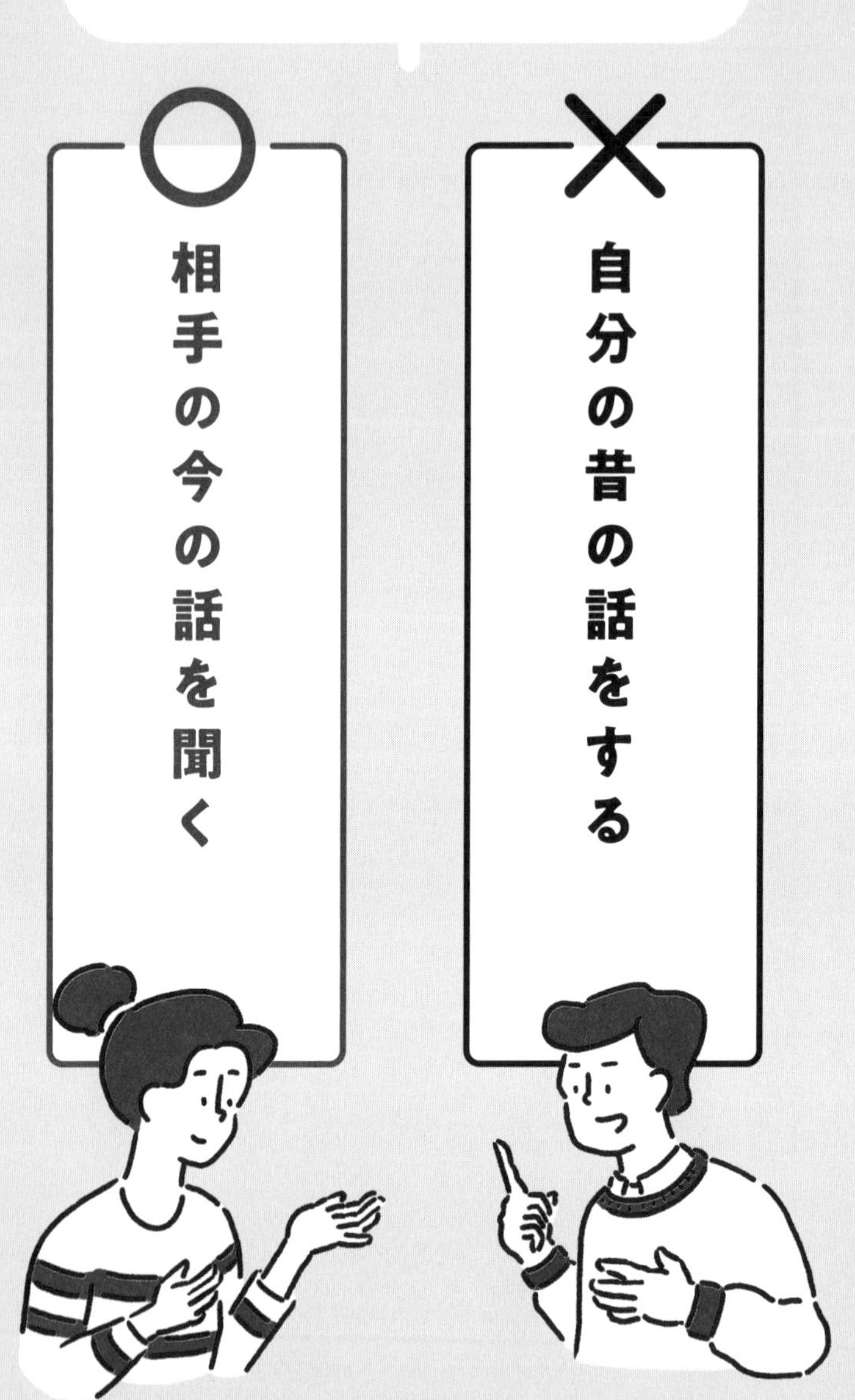

×
自分の昔の話をする
○
相手の今の話を聞く

「あそこのビルは昔、○○商事が入っててさ。若い頃は毎日通ったもんだよ」
「へー、今はそうするんだー!?　私が新入社員の頃とずいぶん違うなー」
「その頃、●●っていう歌手が人気でね。あ、今の子は知らないか。懐かしいなあ」

若者と話していて、何かにつけては過去の話をする人がいます。

仕事の経験、プライベートの知識、自分なりの価値観をシェアしたい。「そうなんですねー」と感心してほしい……。ですが、これは不正解です。

そもそも、**人は本能的に自分の話をしたいもの。**いつもなら「相手の話にも関心を持とう」「置いてけぼりにする内輪ウケはよそう」とぐっとこらえている人でも、若者を前にすると、つい気が緩んでしまいがち。

若者としては、なかなか関心を持ちにくいうえに、口を挟みにくい。「共通の話題で、対等に会話をする」という理想からはほど遠い話し方です。

結果的に「やれやれ、自分語りが始まった」「ずいぶん楽しそうですけど、興味が持てません」とうんざりされてしまうというわけです。

「いやいや、相手だって楽しそうに聞いてたよ?」と思うかもしれません。もちろん本当に感心してくれることもあるでしょう。ですが、相手は「下」の立場であることを忘れてはいけません。**興味がなくても興味があるそぶりをしなくてはいけない**、という関係の不公平さが前提としてあるわけです。

そういうバイアスを込みで考えると、「昔の話は金輪際しない」と腹を決めて、口にチャックしてしまうのがいいでしょう。

「昔話をしない」は「決め」の問題

若者と話すときには、相手の話を引き出す役に徹するのが正解です。

「このあたり、来たことある？」
「今のシステムはそうなってるんだね。使い勝手はどう？」
「熱心に聴いてるアーティストとかいる？」

他にも、若手が現在取り組んでいる仕事、将来的にやってみたい趣味などを聞き出し、「それはどういうもの？」「えー、知らない。教えてくれる？」と、むしろ若者に「教わる」立場になれれば、なおいいでしょう。そうすれば「話しやすい人」「好奇心旺盛な人」という印象を得ることができます。

本当は「互いに教えて・教わって」の関係になれればいいのですが、ともすると年長者は若者に教えようとしがち。ですから、意識的に**年長者が若者に教わるぐらいが、ちょうどいいバランス**なのです。

ポイント

「相手から教わる」くらいがちょうどいい

29
誘う

○

「誘うよ」と自ら企画する

「最近、ボルダリング行ったんですけど、楽しかったです」

「あ、俺も興味あるんだよね。誘って、誘って」

「あそこの焼き肉屋、無茶苦茶うまかったですよ」

「えー、誘われてない～（笑）」


若者と話していて、楽しそうな企画や遊びの話を耳にすると、「誘ってよ」と言う人がいます。一緒に参加したい、仲間に入れてほしい、声をかけられないのはさみしい……。前向きな好奇心を示して、「いつでも行くよ」とフットワークをアピールするわけですが、それは不正解です。

まず前提として、企画して人を集めて実施して、というのは、なかなかに大変なことです。それに対して**安易に「誘って～」と言うのは、「受け身」「待ち」の姿勢に見えます。**年長者がそれを言うと、その気がなくても「私はただ座って、楽しいことを享受したい（自分からそれを企画するのはめんどくさい）」「私は誘われる人、あなたは誘う人」というニュアンスが出てしまうのです。

さらには若者からすると、「やばい、声かけないと」とプレッシャーになってしまう。「○○さんを誘うとなると、■■さんにも声かけるか。お店もちょっといい店を考えないと……」と幹事の負担は増えるばかりです。

「自ら企画」したほうが、結果的に誘われる

大変なこと・めんどうなことは、率先して年長者がやるべき。ですから、若者と遊ぶ会は自ら企画して誘うのが、正解です。

「最近、ボルダリング行ったんですけど、楽しかったです」
「あ、俺も行きたいと思ってたんだ。今度企画するから、声かけていい？」
「あそこの焼き肉屋、無茶苦茶うまかったですよ」

「焼き肉好きなの!?　おいしいところ知ってるから今度みんなで行こうよ」

こうやって、自ら企画・発起してしまえば、若者が「じゃあメンバー誘っておきますよ」「店の候補出しますよ」と手伝ってくれることも。何よりも本気のやる気が伝わるので、結果的に誘われるケースも増えます。「自分からグイグイ誘ったら、それこそ気をつかわせてしまうはず。だからこそ、控えめにそっと静かに意思を示すのだ」という中途半端な配慮は捨てましょう。

人は年長者になればなるほど、誘われなくなります。悲しいけれどそれは宿命です。誘われたらフットワークよく参加すればよかったのは、昔の話。どうせどこかで「企画する側」に転身する必要があるのですから、早めにそのスキルとマインドを身につけましょう。

ポイント

誘いを待たずに、自ら動く

30
批評する

「ファミレスとか、さすがにもう行かないなあ」
「最近のハリウッド映画、ひどくない？」
「○○さんの話って、中身がないよね？」

さまざまな経験を経てオトナになると、好みが固まってきて、「舌が肥えて」きます。グルメ、カルチャー、人の好き嫌い……。昔は手放しで楽しめたものが、今となっては粗が目立つようになる。そこでつい、批評めいた文句を言う人がいます。そうやって悪口を言うと、自分の成長を実感できるようでちょっとうれしい、アピールしたい……。

同世代の仲のいい人とならOKですが、それを若者の前でやるのは、不正解です。なぜなら、相手はそれを好きかもしれないからです。**好きなものを、批評されたり、ダメ出しされたりしたらいい気はしません。**しかも立場上、「そうですか？　僕は好きですけどね」とはなかなか言いにくい。

「人生の先輩として教えてあげたいんだ」「単に自分の好みを言ってるだけ。それでもダメなの?」と思うかもしれません。それでもダメです。

「嫌い」よりも「好き」の話を

若者の前で好みの話をしたいなら、**なるべくポジティブな話にするのが、マナーであり正解です。**

「最近、このレストランとか、あの蕎麦屋とか、よく行くなあ」
「昔からフランス映画が好きで。あとは映像がきれいな邦画とか」
「■■さんの話って、派手さはないけどじっくり聞けて好きなんだよね」

たしかにトークからは毒が抜けてつまらなくなるかもしれません。ですが、これであれば若者も「行ってみたいなあ」「私も好きですー」「今度、話してみます!」とリアクションをしやすい。

「私はそうは思わない」と気兼ねなく反論できるような関係性ができていないうちは、「あれがいい！」「これが好きだ！」と、**多少気持ち悪いぐらいに前向きな会話に終始**するのが無難です。

これは距離感がまだつかめない初対面の人との雑談においても言えることなので、覚えておいて損はありません。

「はいはい、ポジティブに言えばいいのね？」と、「ファミレスよりちゃんとしたご飯屋さんが好き」「ハリウッド映画よりフランス映画が好き」「○○さんより■■さんのほうが信頼できる」と比較して話すのもよしましょう。

ポイント

舌が肥えたことをひけらかさない

31
相手の年齢

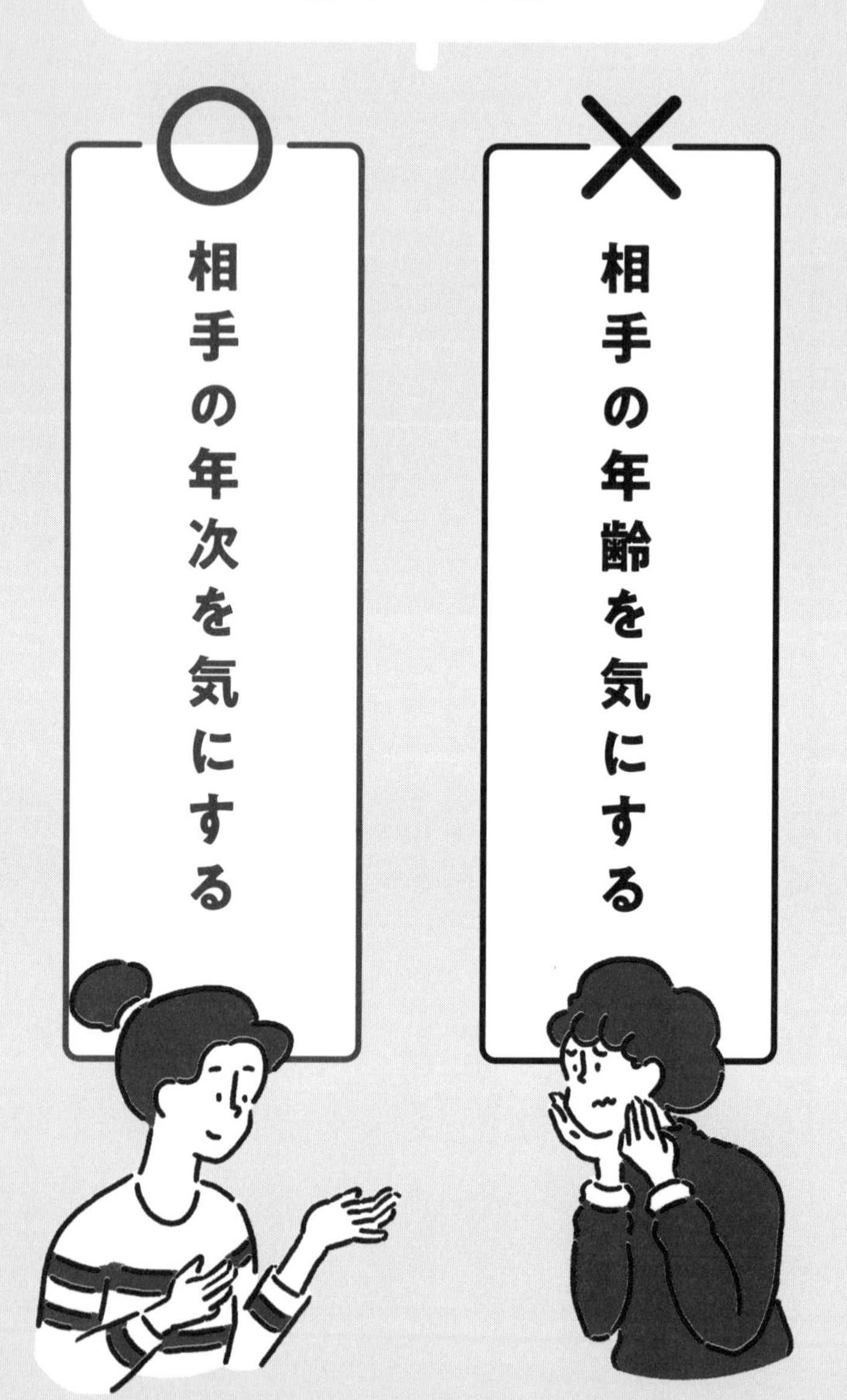

○
相手の年次を気にする
×
相手の年齢を気にする

「え、１９８０年生まれですか？　年下じゃないですか〜。敬語使って損した（笑）**」**
「今何歳？　26？　落ち着いて見えるね〜」

初対面の取引先、顔だけは知っている隣の部署の人、たぶん年下の中途入社社員……。つい「おいくつですか？」と尋ねたり、遠回しに「干支は……？」と探りを入れたりする人がいます。ですが、これは不正解です。

気をつかうべき相手なのか、一刻も早くはっきりさせたい……。ですが、それは裏を返せば、「年齢が下なら気をつかわなくていい」という、古い上下感覚にしばられている証。

同僚だろうが取引先だろうが、相手は仕事相手。**年齢で相手を判断するのは、外見や性別で決めつけるのと変わりません。**「若く見られて損してる」「老けてると言われるのがイヤ」と気にしている人もいるのですから、行きすぎればハラスメントになります。

しかも大抵、年齢のことを気にしているのは年長者のほうだけ。

年齢が明らかになって「やっぱり自分が上だ！」と一方的にリラックスするのはフェアではありません。つい気が緩んで「ご結婚は？」などと余計な質問をしてしまうリスクもあります。

働き方や採用方法が多様になった今、どちらが「上」でどちらが「下」という基準はあいまいになりました。そのあいまいさを**「はっきりさせたい！」とぼやくのではなく、そのまま受け入れる度量**が、今の年長者には求められています。

「年次」は失礼にならない

仕事をスムーズに進める上で、相手がどの程度経験があるのか・決定権を持っているのかを知りたい場合は、「年次」を聞くのが正解です。

「この部署、長いんですか？」

「入社以来ずっとなんで、もう3年になります」
「ずっと今の会社なんですか？」
「最近入ってきたばかりです。前は○○にいました」

年次であれば、年齢ほど踏み込んだプライベートな質問という印象は与えません。

あくまで「会社」という枠組みの中での質問なので、相手としても自然にこれまでのキャリアを説明しやすくなります。

ポイント

経験や立場を探りたいなら「年次」を聞く

32

自分の年齢

×

「おじさん・おばさん」と自虐する

○

年齢の話はあえてしない

「おじさんだから、そういうセンスなくってさー」
「おばさんのことは気にしないで、みんなで楽しんできて」
「最近、次の日まで酒が残るんだよね。もう年かな〜」

若者と話していて、自分の年齢・加齢のことを自虐っぽく話す人がいます。ですが、それは不正解です。

「自分がおじさん・おばさんであることは重々自覚しています、だから、あまりそのことで批判・攻撃しないでくださいね」と、予防線を張りたくなる……。

あるいは「怖い人」「偉そうな人」と思われないために、フレンドリーさを演出しようという狙いもあるでしょう。

ですがこういった発言は若者からすると実にめんどう。「えー、そんなことないですよ」「まだまだ若いじゃないですか」と、いちいちフォローしなくてはいけないので、かえって気をつかわせてしまうことになります。

そもそも、その場で年齢や加齢のことを気にしているのは、年長者本人だけで、周囲はそこまで意識していない場合がほとんど。若者としては「自意識過剰？」「そういうところがおじさん……」と白けてしまいます。

いっぽうで「お酌をされる権利がある」「上座に座って当然だ」と、年長者であることを鼻にかけるような言動も、もちろんスマートではありません。

「年齢」抜きでも会話は成り立つ

若者と話すときに、年齢の話は極力持ち出さないのが正解です。

「今、そういうのがおしゃれなんでしょ？　一応知ってるよ（笑）」

「私は帰るから、みんなで楽しんできて」

「最近、次の日まで酒が残っちゃうから、たくさん飲めなくて残念」

このように、**年齢のエクスキューズなしでもたいていの会話は成立します。**こうすれば、話が「おじさん・おばさん・加齢」ではなく、「相手のセンスのよさ・『楽しんできて』という好意・お酒が好き」にフォーカスされるので、お互いに話しやすくなります。

「この世界では年齢が上のほうが偉い。けれど、若いことには価値がある」という古い価値観こそが、こういった自虐発言を産む要因。「安易な上下」ではなくフェアで対等な関係を築く意味でも、意識的に年齢の話はしないのがいいでしょう。

ポイント

自分から年齢の話は持ち出さない

33
本音と建前

×

「本音を聞かせてほしい」と迫る

○

「本音はどうでもいい」と割り切る

「ぶっちゃけどう思ってるのか、本音を聞かせて」
「価値観を共有しておきたいから、何でも言って。私も言うからさ」
「本当にやりたいことって何？　教えてくれる？」

若者と話していて、「本音を聞かせて」「言いたいことあるなら言って」と、熱く迫る人がいます。

本当の気持ちを知りたい、根っこのところで通じ合いたい、そうじゃないと一緒に働けない……。ですが、これは不正解です。

若者としてみれば、どこまでいっても結局は上司や先輩です。そうそう簡単に心を開ける相手ではありません。うかつに本心を漏らして「わかるよ、俺が若い頃もそうだった」「でもな、そういうことだからお前は……」と昔話や説教が始まっても困ります。なので、当たり障りのない無難なことを言って、その場をやり過ごす場合がほとんど。

立場を超えた信頼関係というものは、一朝一夕に作れるものではありません。少なくとも「本音を言って」「何でも言って」「本当はどうなの?」と**一方的に迫っているうちは、実現できない**でしょう。

また、変に本音のつきあいを始めるとそれを裏切れなくなる、というリスクもあります。特に仕事であれば、若手に対して無理難題を言わざるを得ない場面も出てくるでしょう。「信じていたのにがっかり」「本音と建前の差がありすぎる」と失望されても困ります。

「相手が泣き出した」ときの対処法

若手とは、少なくとも最初のうちは、多少割り切ってドライなスタンスをとるのが正解です。

「正直、やることとやってくれればいいよ」
「まあ、いろいろあるよね。私も立場上言ってるだけだから」

「やりたいことは他にあるだろうけど、これは割り切ってやってくれる？」

本音は本音、建前は建前、仕事は仕事、立場は立場ぐらいの温度感でいたほうがむしろ、「変な押しつけがない」と好感を持たれます。

相手が突然泣き出してしまったり、感情的になったりしたときにも、このスタンスは有効。「あくまで仕事の相手」と考えれば、引っぱられて自分も感情的になってしまう事態を避けられます。

「仲間なんだから経験や価値観を共有したいじゃないか」と残念に思うのは、実は年長者のほうだけ。若手は、そういう割り切った関係を心地よく感じて、すんなり受け入れるはずです。

ポイント

本音を求めず、割り切った関係から始める

34

話題

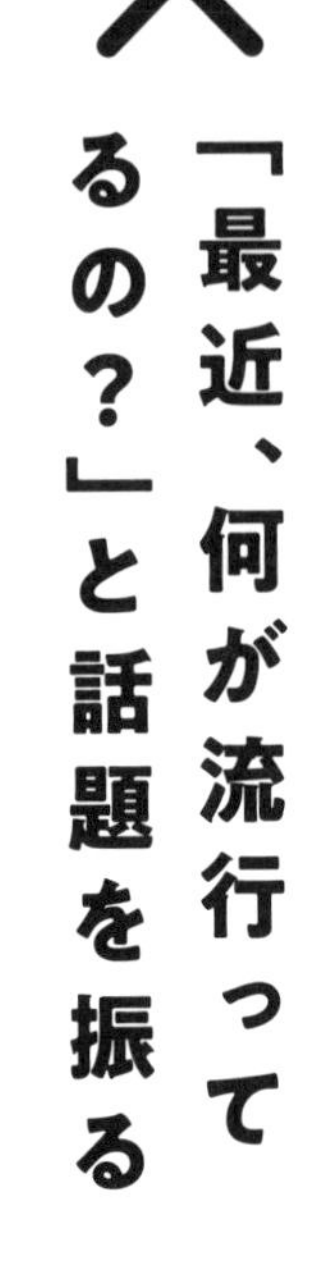

○
「最近、困ってるんだけど…」と悩み相談をする

「今、若い子たちの間では何が流行ってるの？」

「最近、気になるニュース、あった？」

「部署に不満とかない？　何でも言ってよね」


若者との話のネタとして、「流行ってるモノ」「気になるニュース」を振る人がいます。

相手と距離を縮めたい、ちょうどいい雑談をしたい、でも共通の話題もないし、若い子の流行りも知っておきたい。よしよしこれで一石二鳥……。ですが、これは不正解です。

「若い子」「世代」というおおざっぱなくくりの話題や、「ニュースや時事ネタ」のような身近ではない話題を、**唐突に振ったところで雑談はつるつるとすべるばかり。**双方の心理的距離はいっこうに縮まりません。

そこで「やばい……」と焦って、今度はいきなり「職場の悩み・不満」を聞き出そうとしても、距離は依然として遠いままなので、もちろん本音が聞けるわけがありません。

若者としてはどちらも、「どうでしょうねえ……」「何だろうなあ……」と、答えづらいことこのうえありません。

「軽い悩み」を用意しておく

若者と雑談を通じて心理的距離を縮めたいとき、「ちょっとした自分の悩み」を話すのが正解です。

「ちょっと聞いてくれる？　最近、娘にこんなこと言われてさ……」
「詳しかったら教えてほしいんだけど、動画配信サービスって……」
「先月、『5年目研修』で言われたことが意味不明でね～」

相談するのは軽い悩みにします。若者に話せるぐらいのちょうどいい悩みを、日頃からいくつか用意しておくのもいいでしょう。

若者としてみれば、「あんまり気にしなくていいと思いますよ」「それは何を観たいかによりますね〜」「わー、それは意味不明ですね！」と気楽に答えられますし、「偉ぶらない人」「気さくで飾らない人」という印象も与えられます。

実は、この「悩み相談をする」は、若者にとって年長者と雑談するときの定番テクニック。**適度に自己開示できるし、相談されたほうは気持ちよくアドバイスできる、**という仕組みです。年長者→若者の場合「いつまでもアドバイスが止まらない」という地獄絵図になりがちですが、逆の立場であれば、お互いにとってちょうどいい雑談が展開できます。

ポイント

悩み相談で、相手との距離を縮める

35
紹介する

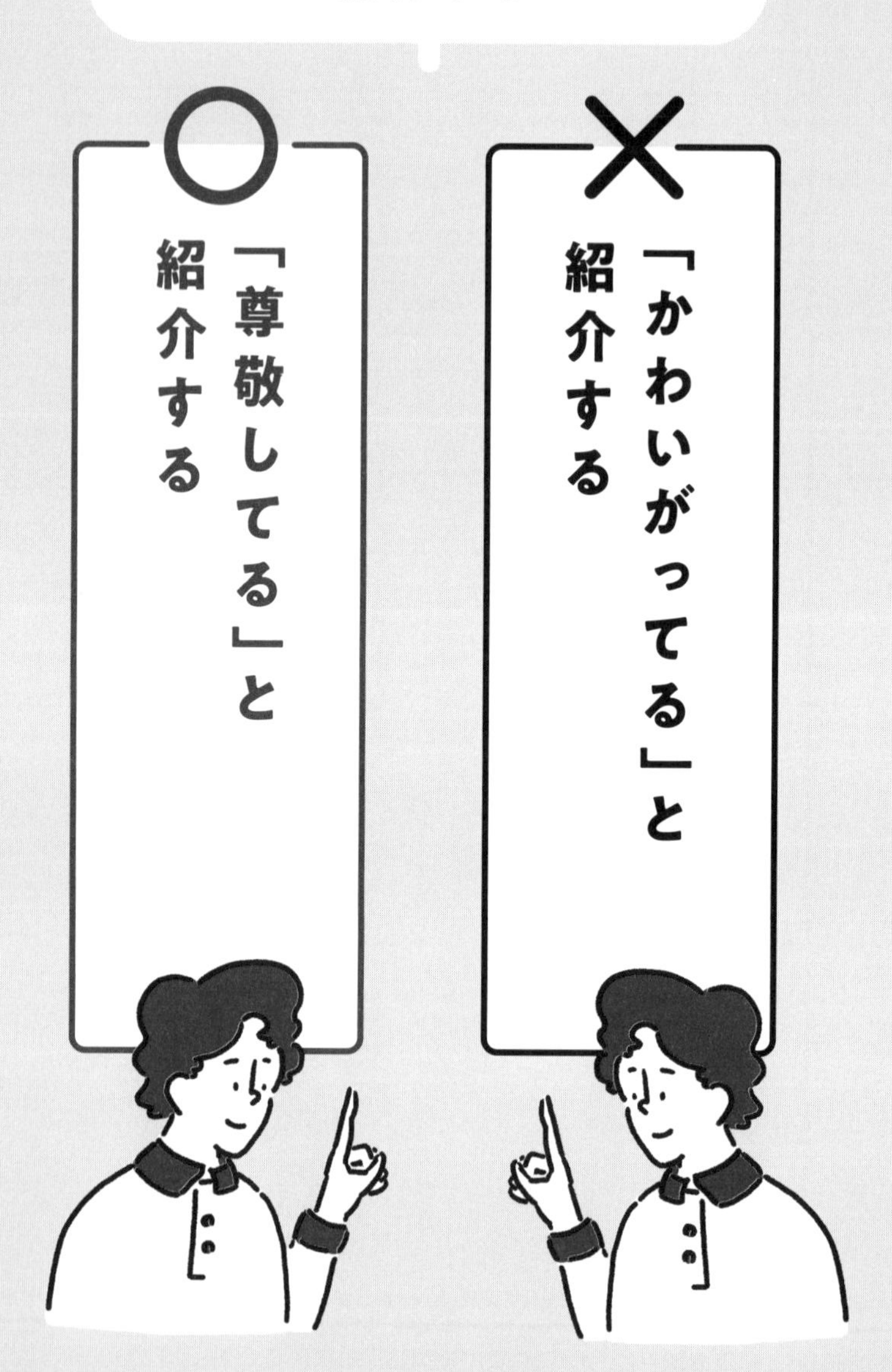

○
「尊敬してる」と紹介する
×
「かわいがってる」と紹介する

「こいつ、今、俺がかわいがってる後輩。よろしくね」
「○○くんは、私のお気に入りだから！」
「■■は見どころがあるよね。前から買ってるんだ」

ある特定の若手に目をかけて、第三者に紹介する場面で「かわいがっている」「お気に入り」といった言葉を使う人がいます。

子飼いの忠実な部下を紹介したい、魅力的な後輩と仲がいいことをアピールしたい、「早くから目をつけていた」と自分の見る目を誇りたい……。ですが、それは不正解です。

「ひいきされてうれしい！」と素直に喜んでくれる若者は稀で、「まるで所有物のように紹介された……」と複雑な気持ちになる若者のほうが多いでしょう。「お気に入り」だの「買ってる」だのは、**実に「上から目線」な、気持ちの悪い言葉**です。

また、あからさまに「お気に入り」感を出すと、「えこひいきだ」「ずるい」と周囲からやっかまれ、かえって相手に迷惑がかかることもあります。周りが見えているオトナであればしない行為です。

自尊心を傷つける可能性からも、「特定の人をひいきすべきではない」という組織の原則からも、こうした「寵愛してます」アピールは避けるべきなのです。

「尊敬してる」は便利ワード

とはいえ、人の好き・嫌い、気が合う・合わないは、当然あります。そういう感情を第三者に言いたいときもあるはず。

若手を第三者に紹介するときは、「上から目線」を排して、「同じ目線」、なんなら「下から目線」を意識するのが正解です。

「彼は人の話を引き出すのがうまいから、常々、尊敬してるんだよね」

「〇〇くんには、いつも助けてもらってる」

「■■は前からいい評判を聞いてたなー」

これであれば、「一方的にかわいがっている」というべたっとしたニュアンスがなくなり、言われた当人も悪い気がしない。言った本人も「謙虚で率直な人」と株を上げ、周囲も「えこひいき」と感じない……。

関係者みんなが得をする紹介のしかたは、ちょっとした言葉選びで実現できるのです。

ポイント

「お気に入り」は気持ち悪いが「尊敬」は気持ちいい

36
飲み会の会計

○
「伝票貸して」と
会計を引き受ける

×
「よろしく」と
会計を任せる

「これ部長からもらった1万円。あとはうまくやってよ」
「会計よろしくー。私たち、いくらでもいいから言ってね」
「いったん払っといて、あとで精算してくれる？」

みんなでご飯を食べたあとの会計。すぐに若者に会計を丸投げする人がいます。ほろ酔いで考えるのがめんどくさいし、あまりグイグイと口を出すのもよくない。こういうのもいい経験になるだろう。さーて、こっちは最後にもう一杯飲もうかな……。ですが、これは不正解です。

「気の利いた注文をする」や「飲み物の減り具合に目を配る」など、**飲み会でめんどうなことは無数にありますが、中でももっともめんどうなのが会計**でしょう。

店員さんから伝票をもらう、役職や年次・年齢によって傾斜をつけてひとりずつの金額を決める、酔っているメンバーから実際にお金をとりたてる（お釣りを渡す）、「お金がない」「明日払う」という人をなだめすかす、全額まとめて店の人に支払う……。想像するだけでも大変です。

そんなに大変なことを若手という理由だけで、「よろしく」と投げてしまうのはいただけません。

「おごり文化」がはらむ危うさ

「なにごともめんどうなことは年長者がやる」が基本ですが、中でも会計は年長者が積極的に関与するのが正解です。なぜなら、**会計には「傾斜」という「上下関係」がからんでくる**からです。

「〇〇さんは4000円。でも、そうすると■■さんからはもらいすぎになる」「いや、ふたりは転職同期だから同じ額でもいいか」「あれ？　▲▲さんは何年目だっけ？」と適切な額を決めるのは、もはや曲芸。年長者が率先して引き受けましょう。

「伝票、こっちにくれる？」
「私たちでいったん考えてみるね」
「とりあえず払っておくね」

誰が払うか、誰が立て替えるか、誰が徴収するかの会計文化は、会社・コミュニティによってさまざまですが、なるべく年長者が管理したほうがいいでしょう。

ちなみに「一番偉い人が一方的に全額おごる」というのは、少々乱暴でクラシカルなやりかた。「おごってやったんだから言うことを聞け」という危険な思想に発展しがちです。が、それでもめんどうなことを若手に投げないという点は、かろうじて評価できます。

ポイント

「傾斜」はめんどくさいので年長者がやる

第4章

趣味・SNS編

37

態度

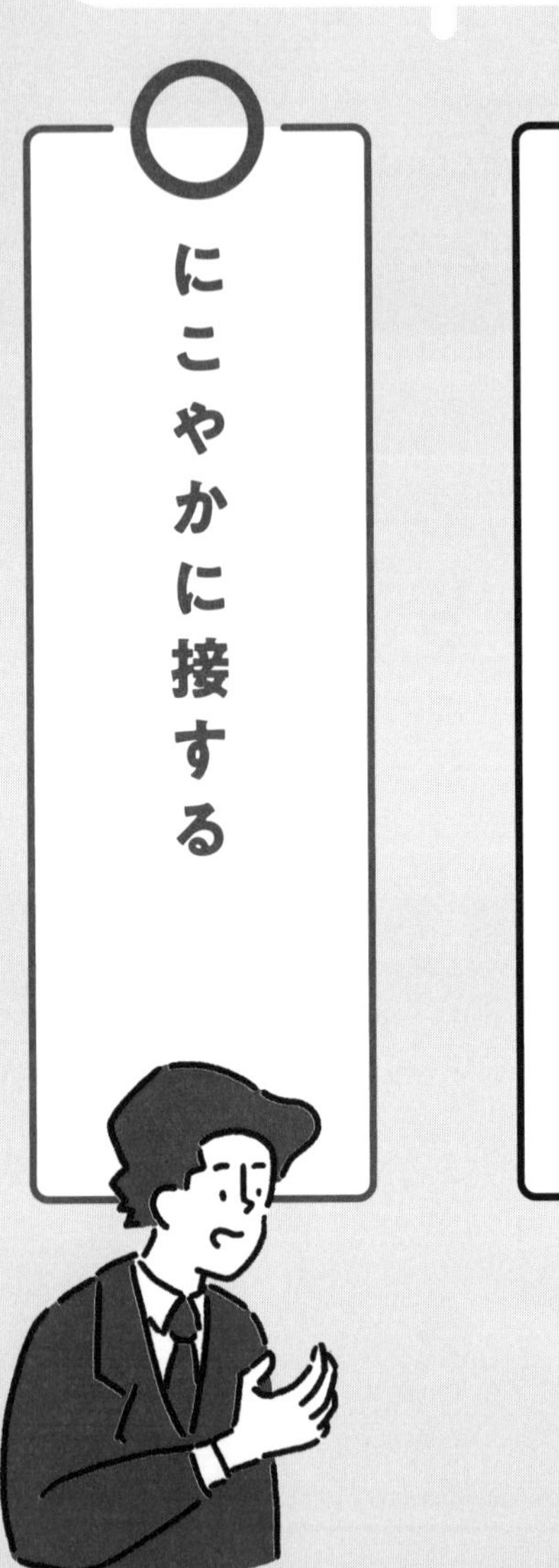

「了解。じゃあそういうことで」
「こっちではわからないよ」
「へー、そうなんだ。よかったね」

若者と話すときに、素の状態、普通のテンションでリアクションする人がいます。

年長者が相手ならギアを上げて元気に振る舞うけど、若者相手なら適当でいいよね。最低限のコミュニケーションはとれてるんだからこれで十分でしょ……。ですが、これは不正解です。

若者は年長者のことを「怖い」と思っています。

年長者＝偉い人、立場が上の人、何かと指示してくる人、下手をすると叱ってくる人。相手が年長者というだけで、心のどこかで自動的にびびっているわけです。

普段あまり親しく話していない相手ならなおさらです。どういう人なんだろう、きっとうるさい人に違いない、怒られたらどうしよう……。

ですから、こちらにはそのつもりがまったくなくても、ごく普通の素のリアクション・話し方をしただけで、「無愛想」「そっけない」「冷たい」と思われてしまう。このことはよくよく肝に銘じておく必要があります。

普段よりも「笑顔」で接するべき理由

ですから、若者と話すときは**素の状態よりも少しテンションを上げて、明るくにこやかに感じよく振る舞うのが正解**です。

「OK、ありがとう。じゃ、あとはよろしくね」
「うーん、それはこっちではわからないかな。◯◯さんに聞いてみてくれる？」
「へー、そうなんだ！　それはよかったね！」

大きな声でハキハキとリアクション。言葉数は少ないより多いほうがいい。「ありがとう」「よろしくね」といったあいさつをサボらない……。

どれもコミュニケーションとしては当たり前のことですが、これをやっておくだけで「怖い」とネガティブな印象を持たれなくなり、むしろ「明るい」「話しやすい」「いい人」と思われます。

相手が若いからといって、ぞんざいな態度はＮＧ。普段よりも少し朗らかにすることで**潜在的な「怖い」印象を取り除く**ことができます。

ポイント

普通に、ではなく、ちょっとテンション上げ目で接する

38

自慢話①

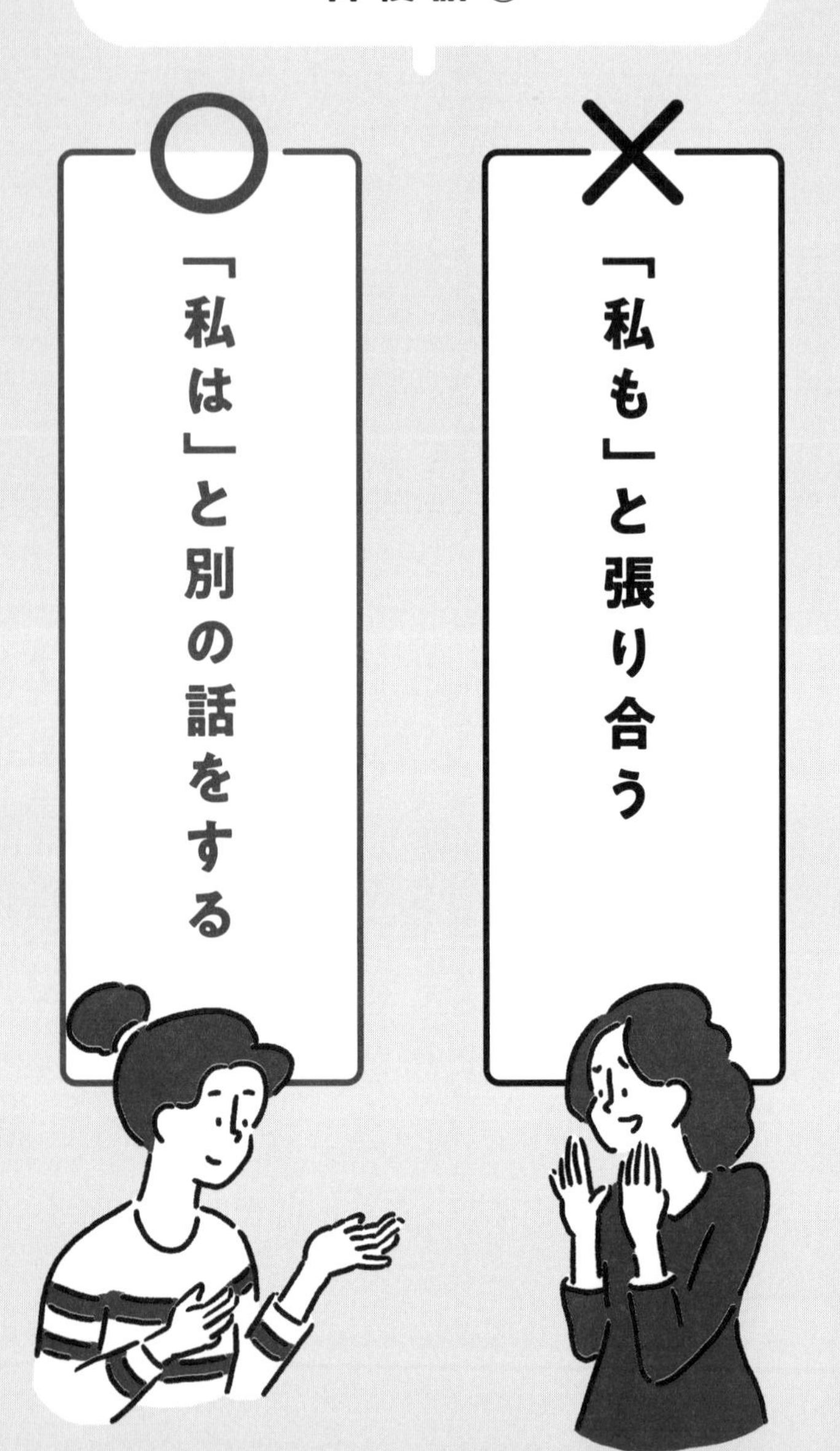

○
「私は」と別の話をする
×
「私も」と張り合う

「この間、やっとＴＯＥＩＣで８００点とれたんです。すごくないですか？」

「へー。俺も受けてみようかな」

「趣味でやってるパン教室、けっこう満席が多くなってきて～」

「そうなんだ。私も何かやろうかな」

若者から良いニュースを聞いたとき、反射的に「俺も」「私も」とリアクションする人がいます。自慢されたようで悔しいから張り合いたい。あるいは、自分の話をするのがクセになっている……。ですが、これは不正解です。

これは実は年齢関係なく、多くの人がやってしまいがちなＮＧトーク。まず、相手の話を自分の土俵に引っぱり込んでしまっているのがよくありません。**いわゆる「話題泥棒」というやつ**で、相手としては自分のことについてもっと話したいのに、サクッと話を奪われてしまって欲求不満に。

次に「私も〜」とリアクションすることは、まるで「そんなのたいしたことない。自分だってやれば簡単にできる」と**マウンティングしているようなもの**です。相手としては、せっかくがんばってつかんだ功績を軽んじられた気分になります。

さらには、年長者が若者に対してこういうことを言うと、「大人げない」という評価につながってしまうのも悩ましいところです。

「別ジャンル」で張り合う

若者から良いニュースを聞いたときの理想はもちろん、「よかったね」「すごいね」と手放しでほめてあげること。ですが、時には「それはしたくない」という場面もあるでしょう。そんな場合は、違う土俵で張り合うのが正解です。

「この間、やっとTOEICで800点とれたんです。すごくないですか？」
「すごいじゃん。俺も一つ自慢していい？　最近、ゴルフで100切ったんだよね」

「趣味でやってるパン教室、けっこう満席が多くなってきて〜」
「よかったねー。実は私もうれしいことがあってね、実家の犬に子どもが産まれたの！」

いったんほめる→エクスキューズ→自分の話（相手のジャンルで張り合うのではなく）

これであれば、かろうじて「お互いにとってうれしかったことを報告し合う」「双方ともに、よかった、よかった」という形になります。

「上下」にとらわれないフラットな関係が理想ですが、そのフラットさをはき違えて、妙に張り合うことのないよう、気をつけたいものです。

ポイント

「そんなの簡単！」と張り合わない

39
自慢話②

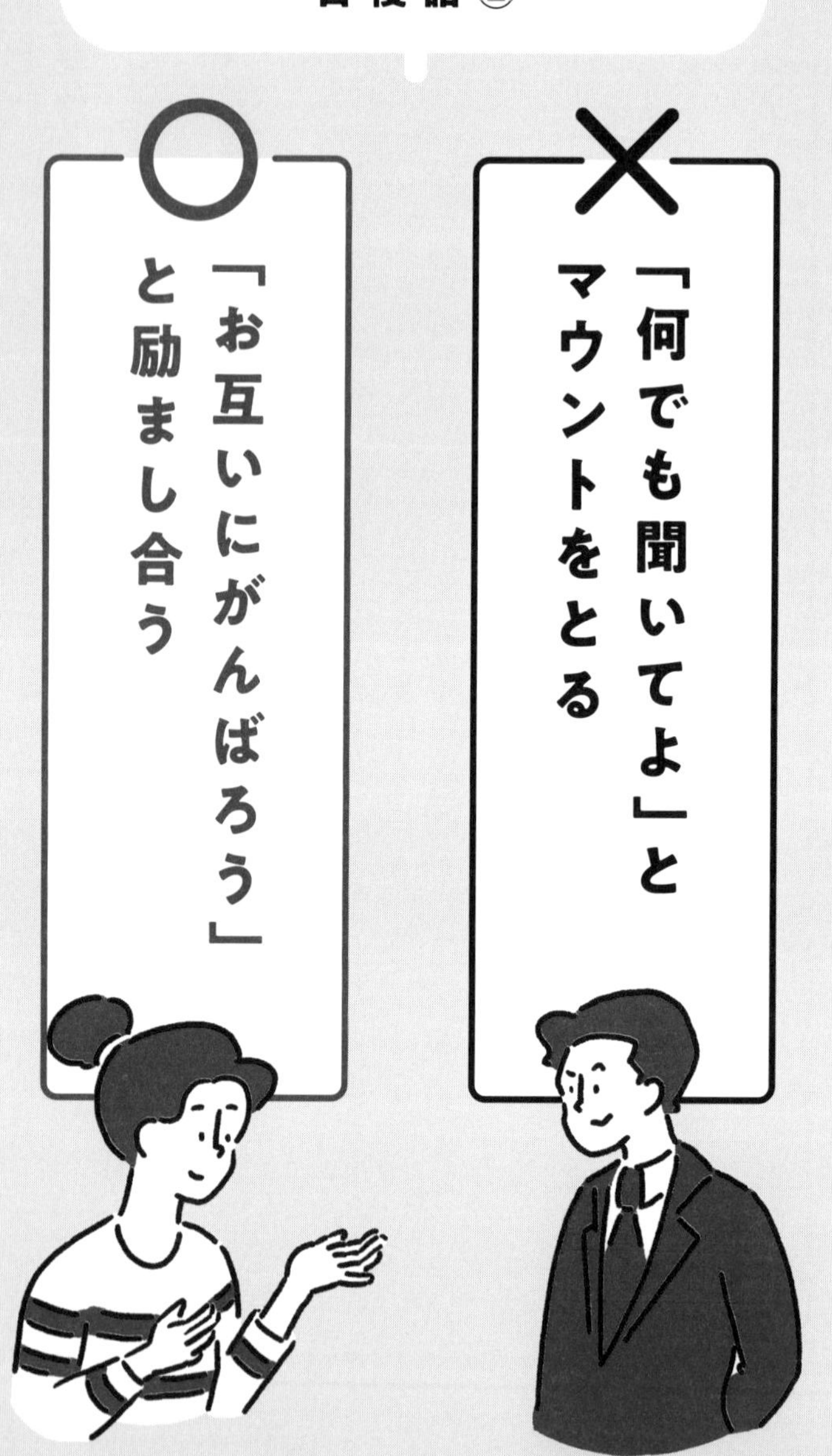

×
「何でも聞いてよ」と
マウントをとる
○
「お互いにがんばろう」
と励まし合う

「●●さんには顔が利くから、俺に言ってくれれば、すぐに話通せるけどね」
「うちの子ども、この春から○○高校に通うの。受験のことなら何でも聞いてよ」
「ロシア情勢ねー。まあ、俺は早い段階から、こうなるってわかってたよ」

若者と話すとき、自分の功績・手柄を偉そうに自慢したり、「何でも聞いてよ」とマウントをとったりする人がいます。ですが、これは不正解です。

もちろん「そんなつもりは全然ない！」「むしろ親切で言ってるんだ」という場合も多いでしょう。「大きな顔をして自慢したい」「自分の立場・権力をアピールしたい」という人のほうが少ないかもしれません。

ですが、**ただでさえ「上」の立場の人から、さらにマウントをとられては、若者としてはぐうの音も出ません。**「大したことない」と反論することもできませんし、「すごいですね」とおべっかを使い続けるのもストレスです。

年長者は、ちょっとしたことで「偉そうな人」「めんどくさい人」と思われ、妬みや誹謗の対象になりやすいのです。

そういうリスクを抑えるためにも、自慢めいたことは口にしない、偉ぶらないにしたことはありません。「実るほど頭(こうべ)を垂れる稲穂かな」とは、昔の人はうまいことを言ったものです。

「お互い」は便利ワード

若者と話すときには、功績を誇るのではなく、そこにいたるまでの苦労話をするのが正解です。

「俺も相手の懐に入るの、苦手なんだけどさ」

「なんとか受かったけど、もうこりごり。子育て、お互いがんばろうね！」

「ロシア情勢、全然詳しくないから、わかりやすい本とかあったら教えてくれる？」

こうすることで「この人も大変なんだ」「悩みは一緒だ」と、同じ目線の親近感を持ってもらえます。

これはなにも、卑屈になったり、バカを演じて自虐しろということではありません。下手に出すぎるのは、かえってイヤミになるでしょう。

あくまで「私もあなたと同じ目線で取り組んでいる、悩んでいる、がんばっている」という「対等な同志」というスタンスを伝えられれば、それでOKです。

そういう意味で「お互いがんばろう」「お互い大変だね」は使いやすい便利な言葉。たったひと言で、フェアでフラットでクリーンな印象を与えられます。

ポイント

マウンティングせずに、「お互い」感を出す

40
お店選び

○

「お気に入りの店」に連れて行く

「このお店、なかなか予約が取れないんだよ。今日はほんと特別！」
「1日限定3組しか入れないんだけど、前回来たとき予約しておいたんだ」
「食べログで3・8だよ!? たまたま電話がつながって、ラッキーだったなあ」

若者を話題のお店に連れて行ったとき、すぐに「予約の困難さ」をアピールする人がいます。

数カ月先まで予約が埋まっていることも珍しくない人気店。それだけ、貴重な価値ある機会。ありがたがってほしい、「すごい」と言ってほしい……。ですが、それは不正解です。

なぜなら、あまりにも押しつけがましいというか、**自慢のニュアンスが強すぎる**のです。もちろんほとんどの相手は「すごい」「いいんですか、私なんかで？」とリアクションするでしょう。ですが、「よく取れましたね」と感心はしても、「オトナだ……」と一目置きはしないでしょう。下手をすると「予約の取りにくさや点数など、本来のお店の魅力以外のところに価値を見出す、薄っぺらい人？」と思われかねません。

こういう〝本気のグルメ行為〟は、同好の仲間と「あの店行った？」「この店はすごい」と、言い合う分にはいいのです。ですが、そうではない人を連れて行くときには、気後れさせない、緊張させない配慮もしたいものです。

さりげなく「一目置かれる」方法

若者に対しては、「点数」や「予約の困難さ」ではなく、「自分自身の感覚・好み」をアピールするのが正解です。

「なんてことないお店なんだけど、ここの煮込みが好きでさ」
「前回来たら、すっごくおいしくて。この前菜はぜひ食べてほしいの」
「店の面構えが気になってて。ハズレだったらごめんね！」

このように、万人にとって評価が高いかは知らないけれど、自分としては気に入っている店であることを伝えます。そこには**点数には現れない「人柄」「人間味」が立ちのぼります。**醸し出すべきはそこであって、グルメ仲間のコネではありません。その前提があった上で、実際においしかったり、予約困難であることがあとでわかったりすれば、「さすが！」「さりげない……」と一目置かれます。

「ハズしたら面目丸つぶれ」と怖れるなら、とことん下調べしてもいい。予約の電話に苦心してもいい。ですが、それはあえて言わなくてもいいこと。努力の舞台裏をアピールしない美学、それぐらいのかっこつけは許してもらいましょう（笑）。

ポイント

予約の困難さをアピールするのは、どこかさもしい

41

お店での振る舞い

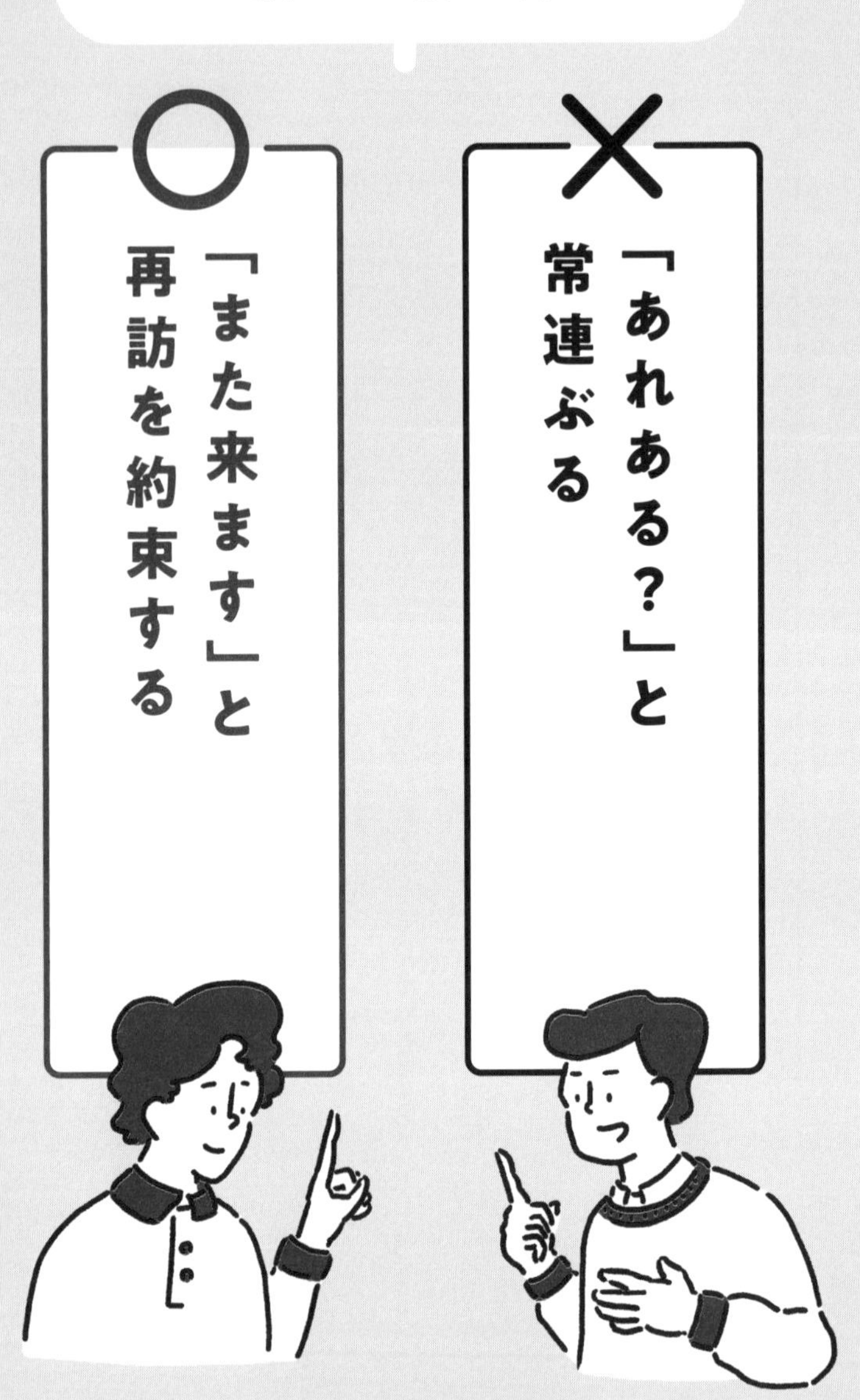

×
「あれある?」と常連ぶる
○
「また来ます」と再訪を約束する

「大将、いつもの出してくれる？」
「前に食べた裏メニューのあれ、ありますか？」
「あれ？　テーブルの配置、変わった？　え？　変わってない？」

長年通っている馴染みのお店に若者を連れて行ったとき、のっけから「いつものお願い」とか「あれありますか？」などと言う人がいます。

せっかくの馴染みのお店だしくつろぎたい。若者にもおいしいものを食べさせてあげたい。顔が利くこともアピールして見栄を張りたい。そうやってホーム感を演出するのもホストである年長者の役目……。ですが、それは不正解です。

まず、前項の「予約の取りづらさ」同様、下手をすると**「常連っぽく振る舞っている」「通ぶっている」と評価を下げてしまう**可能性があります。また、あまりにホーム感を出すと、連れてこられたほうはアウェイに感じて萎縮してしまうというもの。

さらに、店員やスタッフに対して、本人としては気さくに、「ねえ、醤油がないよ」「生、3つ。大至急持ってきて」と乱暴に話すと、それはそのまま低評価に直結します。「普段どれだけ優しくても、本当はこういう人なんだ」と引いてしまうでしょう。

繰り返しになりますが、そんなつもりはなくても、そういう目で見られる可能性があるのが年長者の宿命。若者を連れて行ったときには、**いつも以上に謙虚に、マナーのいい客になるべき**。リラックスしたいなら、別の機会に行けばいいのです。

ウザくない「常連アピール」のしかた

それでも、若者の前で、お店への愛情や親近感を示したいのであれば、会計が終わってからの去り際にするのがスマートな正解です。

「**大将、ごちそうさま。来週もよろしくね**」

「**あのメニュー、おいしかったです。来月来るんですけど、そのときもありますかね?**」

「新しいインテリア、いい感じですね。また来ます！」

それまでは普通のお客として飲食していたのに、帰るときになってちらりと常連感を出し、再訪を約束する。 さりげないし、クールです。お店に迷惑もかかりません。

そうすれば部下や後輩たちも「おお？」と驚いてくれるでしょう。お店側としても「○○さんには、いつもお世話になってて」と社交辞令も言いやすい。

「なんだか接待みたいでめんどくさいなあ」と思うかもしれませんが、相手を楽しませる、気をつかうという点ではまさに接待そのもの。なんならお店側に相談しておくなど、万全の準備をしてもいいぐらいです（笑）。

ポイント

「裏メニュー」より、「また来ます」のほうがスマート

42

予定の確認

○

「楽しみにしてる」と言う

×

「リマインドして」と頼む

「昨日、いらっしゃらなかったですね？　何かありました？」
「あ、昨日だったっけ？　リマインドしてよー」

「今度、有志で集まるんですけど、一緒にどうですか？」
「いつまでに返事したらいい？　また連絡くれる？」

若者から遊びや集まりに誘われた際、「上から目線」で返事をする人がいます。

リマインドしてほしい、事前に詳細を教えてほしい、返事を待ってほしい。そっちが誘ってきたんだからフォローしてくれるべき……。これは年長者に限ったことではありませんが、**誘われた側がつい、「サービスを受ける側」のような気持ちになってしまう**ケースはよくあります。

このように、誘いに対して受け身で鷹揚に振る舞うのは、不正解です。

誘った若手のほうとしては、「え、なんか偉そうだな」「仕事が増える」と鼻白んでしまいます。次回以降、誘うリストから削られるでしょう。

「デート」がうまくいく秘訣

若者から誘われていて、「あの会、どうなったかな？」と心配になったときは、リマインドを待つのではなく、こちらから確認するのが正解です。

「焼き肉の会、来週だったよね、楽しみにしてます！」
「ちゃんと返事してなかったかもしれないけど、行きます！　よろしくお願いします」

こうすれば、幹事は出欠を確認できるし、こちらは前向きな意向を示すことができる。一石二鳥です。会が終わったら、すかさず「ありがとう！」「お疲れさま」「楽しかった」「また行こう」とひと言連絡をする。

……と、ここまで言うと、まるで婚活やデートみたいですよね？

「人と人がやりとりして、約束して会う」という点では、気になる人とのデートも、若者との会合も違いはありません。

「こっちが先輩なんだから連絡を待ってればいい」は間違った姿勢。いわば共同のプロジェクトですから、気がついたほうから積極的に連絡をして、一緒に成功に導きたいものです。

それぐらいの気概があれば、きっと、2回目3回目のお誘いがあるはずなのも、婚活やデートと同じです。

ポイント

「お客さん」にならず、一緒に成功に導く

43

誘いへの返事

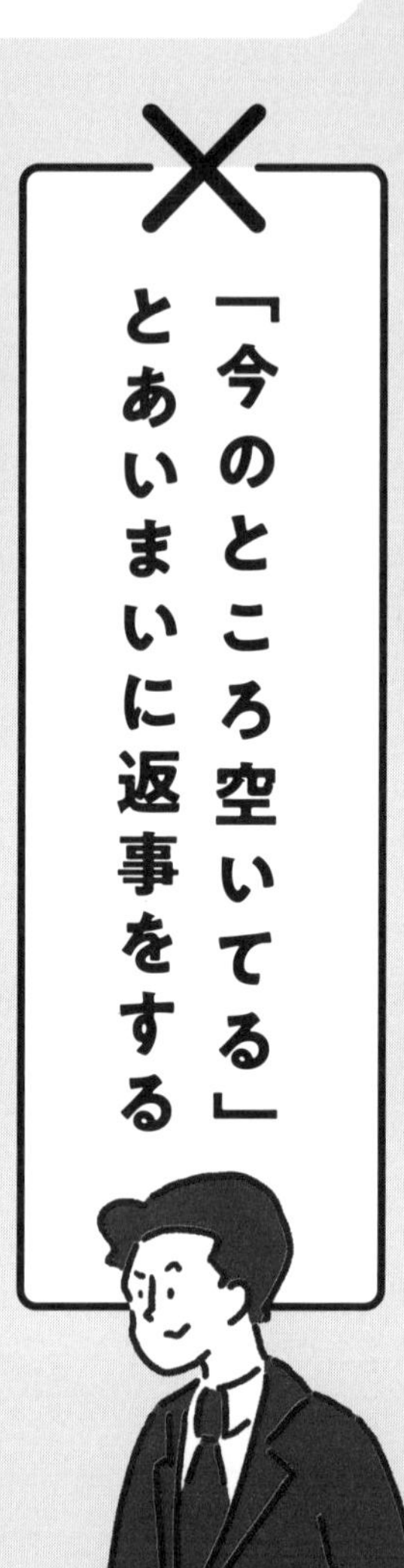

×
「今のところ空いてる」
とあいまいに返事をする

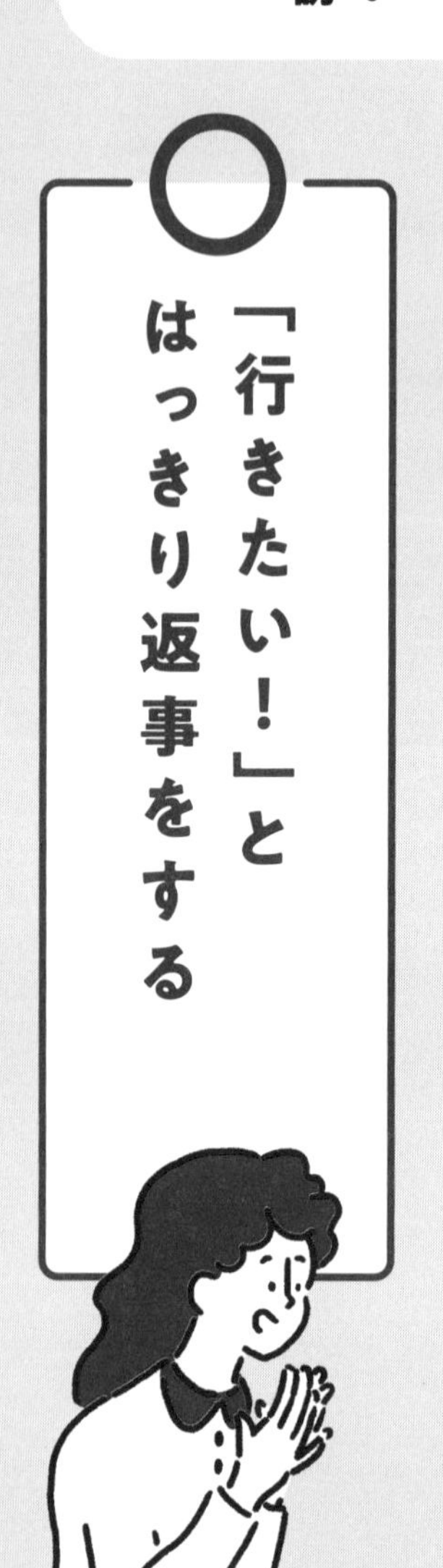

「来月の金曜、久しぶりに集まります。ご都合いかがですか？」

「今のところ空いてるよー」

「今度の定例会、日曜に決まりました」

「何時から？　誰が来るの？」


若者から誘われた際、「今のところ空いてる」と答える人がいます。ですが、これは不正解です。

最近特に、「行く・行かない」ではなく「空いてる・空いてない」と返事をする人が増えました。**誘ったほうが知りたいのは「出欠」です。「空いてる・空いてない」を返事されても困ってしまいます。**いやもちろん、「空いてる」＝「行く」、「空いてない」＝「行かない」という意味なことはわかります。ですが「今のところ空いてる」「行けたら行く」はどうでしょう？　こうなると、「もっと大事な予定が入ったらそちらを優先するけど」という「上から目線」ニュアンスが出てしまいます。特に年長者がそういうことを言うと、「偉そう」「忙しぶっている」と思われがち。

「行きたい」と即答するべき理由

本当に行きたいんだけど、予定が怪しい。席の予約などで迷惑をかけてもよくない。できればもう少し返事を待ってほしい……。そんなときはどうすればいいでしょうか？

幹事が知りたいのは「行きたいかどうか」という「意思」です。「前向きな返事」を「すぐに」もらえれば、調整もするし便宜も図る。保留されて質問だけされるから、悲しいし困る、というわけです。ですから、若者から誘われたとき、少しでも**行きたければ、即答で「行きたい」と答えるのが正解**です。

「来月の金曜、久しぶりに集まります。ご都合いかがですか？」

「ありがとう！　行きたい！　日程が少し怪しいけど、また連絡します」

「今度の定例会、日曜に決まりました」
「ぜひ行きたいです！　でもちょっとスケジュール調整していいですか？」

逆に断りたい場合は「先約があるので行けない」がいいでしょう。理由はシンプルに「先約」でOK。次回も誘ってほしい間柄であれば「すごく残念！」とひと言添えればいいし、そうでもないなら、何も添えなければ自然と誘いはなくなっていきます。

また、最近「行ける・行けない」という返答も目にします。これは「空いてる・空いてない」よりははっきりしていてマシですが（笑）、「楽しみにしてる」「行けなくて残念」といった、**血の通った気持ちが感じられない**のが少し残念です。

ポイント

あれこれと交渉する前に、前向きな意思を示す

44

依頼を断る

×

「他の人のほうが適任」と断る

○

「できません」と断る

「パーティの締めの言葉をお願いしたくて……」

「そういうのは。○○さんとかのほうが適任だよ」

「当日、司会をやってもらえますか？」

「そういうキャラじゃないんだよなあ。どうしよっかなあ」


締めのあいさつ、顔役としてのひとこと……。幹事である若手から、お願い事をされた。正直、やりたくない。できない。でも、できないというのも沽券に関わるので、ついいろいろと言い訳してしまう。あるいは、進んで引き受けると、張り切っているように見えて恥ずかしい。もう少し強く請われたい。だから、ああでもないこうでもない、と言葉を並べてしまう……。そういう人がいますが、それは不正解です。

年長者のお仕事の一つに「威厳を示す」があります。一応「偉い」「年長」「権力者」とされているそのパワーを対外的に示す役目です。そうすれば、参加者たちが「○○さんが話すぞ」「■■さんの言葉」と、盛り上がるわけです。「大事なプレゼンで事業部長が最後を締める」や「社長に陳情する際に部長に口添えを求める」も同様です。

あまり若いとかっこうがつかない、だから年長者に頼む。そういう**様式美も年長者が存在する意味**なわけです。

それなのに、（ほんとはやりたいのに）もじもじと渋ったり、すぐには返事をせず「参ったなあ」とじらしたりするのは、いわば職務放棄。さらには「○○さんのほうが適任だよ」「そもそもそれって必要なの？」などとまぜっかえすと、若手としては仕事も増えるし、「勘弁してよ」と頭を抱えることになります。

「職務放棄」はなるべくしない

年長者には良くも悪くも発言力がある。ともするとマイナスに働いてしまうそのパワーを、プラスに活かせる場面があれば、極力応えるようにしたいものです。

若者から声をかけてもらったら、「ありがとう」とお礼を言って、すぐに引き受ける。段取りなど不安な点はサポートしてもらいつつ、なんとかやり通す。もちろん恩に着せたり、偉ぶったりしない。それが年長者としては正解です。

ですが、どうしてもどうしても、断りたいときもあるでしょう。

そういうときには**「ごめん！」と謝った上で、「できません」とストレートに伝えましょう。**必要であれば理由（仕事が忙しい、緊張してその場を楽しめないなど）も説明します。そうやって誠心誠意謝って断った上であれば、他の人選候補の相談に乗ってもいいし、「他に手伝えることない？」と手助けを申し出てもいいでしょう。

ポイント

YESでもNOでも、すぐに返事をする

45

子どもとの話題

×

「幼い子ども」として
かわいがる

○

「年下の他人」として
雑談する

「かわいいねえ。手もこんなに小さいし、髪もサラサラ！」
「おじさんと、このオモチャで遊ぼう、ね？」
「ユーチューブとか、あんまり見ないほうがいいよ」

友達の子どもや親戚の小さい子との接し方に迷う人は少なくありません。

自分の子どもなわけじゃない。他人といえば他人。でも、相手は小さい子だから自分がめんどうを見てあげなくちゃいけない気にもなる。かといって、あんまり甘やかして悪影響が出たら困るし、子どもの親に「余計なことを……」とにらまれるのもいやだ。結局、無理して「いいオトナ」を演じ、猫かわいがりしたり、逆にしつけに口をうるさく出したり……。ですがそれは、不正解です。

子どもだからといって、**一方的に庇護したり、めんどうを見たりしようとするのは、大きなお世話。**何歳からがオトナで、何歳までは子ども、という感覚は難しいところで、人によって違うし、家庭によっても違います。ですが少なくとも、スタートはフラットな関係で始めるのがいいでしょう。

「子どもと雑談する」ときのルール

言葉を話せない幼児はさておき、ある程度話せるようなら「ひとりのオトナ」として扱うのが、お互いにとっていいでしょう。相手は「子ども」ではなく「年下の他人」、そう割り切ってしまえば、ひとしきり「雑談する」のが、距離感の取り方として正解となります。

共通の話題で盛り上がるというのはなかなか難しいでしょうから、ここは、相手から話を引き出すのがいいでしょう（もちろん、こちらから自己開示をして、会社の愚痴を話してもいいのですが（笑）、相手はさすがにちんぷんかんぷんなはず）。具体的には、相手がやっていること、打ち込んでいることについて語ってもらうのです。対オトナの雑談と変わりません。

「このポケモンって、強いの？　どれぐらい？」

「好きなアイドルとかいる？　どんな人？　教えて教えて」
「食べ物、何が好き？　納豆？　渋いねえー。でもおいしいよね」

相手に興味を持つ、話題を奪わない、共感する、否定しない、張り合わない、議論しないなど、オトナ相手の雑談の基本ルールは、子ども相手でもすべて当てはまります。いや、むしろ、それくらい距離の遠い相手と無難に時間を過ごすためにこそ「雑談」はあるのです。

そして、それは最近口を利いてくれなくなった実の息子・娘との会話においても有効なテクニック。「言うことを聞かなくなった我が子」と悲しむのではなく、**「同じ家にいる年下の他人」と思う**ところから、新たな関係は始まります。

ポイント

年の離れた他人とは、雑談から始めるしかない

46
話題選択

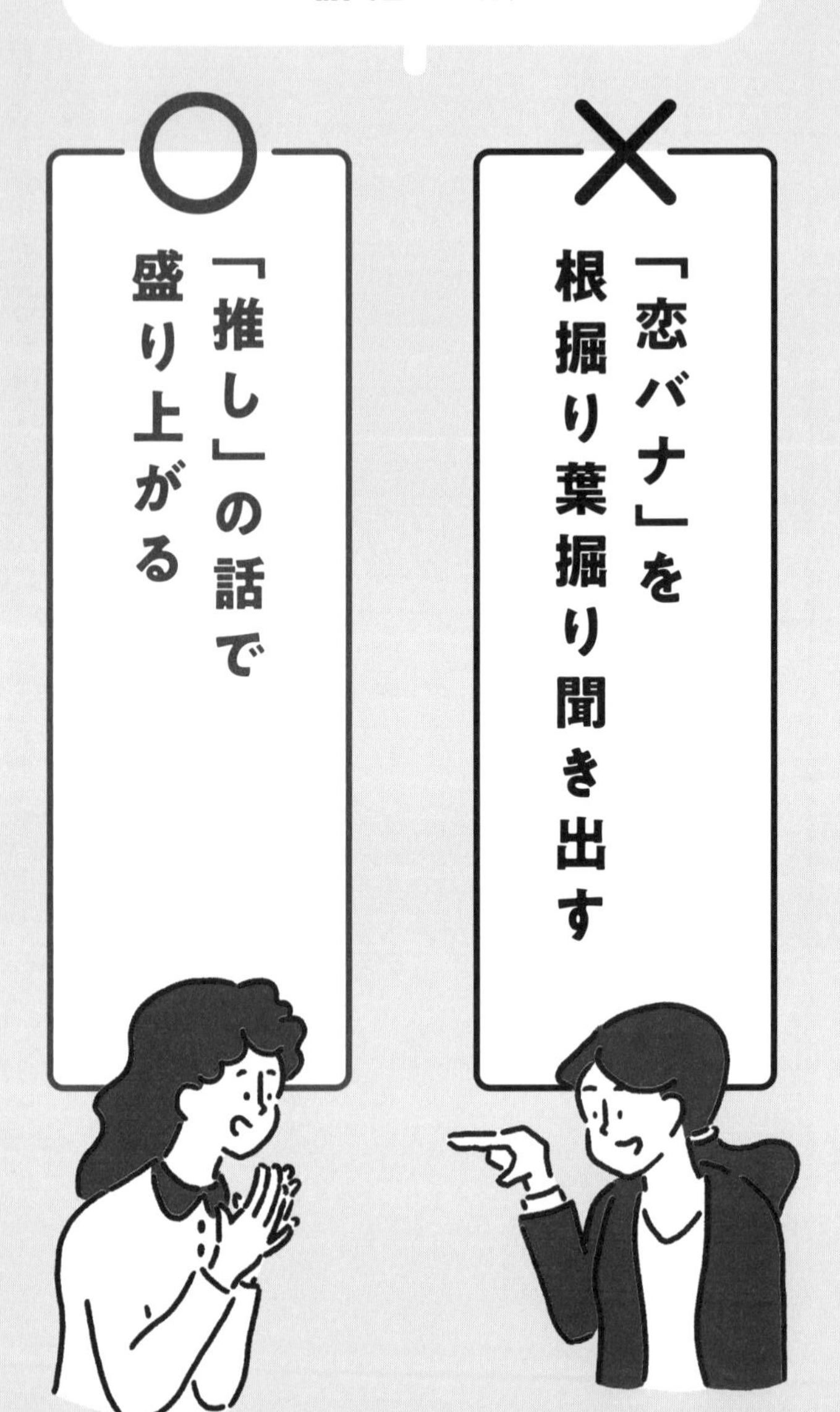

✕
「恋バナ」を根掘り葉掘り聞き出す
○
「推し」の話で盛り上がる

「最近、浮いた話ないの？」

「例の彼女とどうなった？」

「ダンナさんって、どういう人なの？」


若者に対して、何かと色恋の話題を振る人がいます。恋愛や結婚は思わぬ人柄が出やすいトークの鉄板。もちろん、相手が快く話してくれるならOK。その場も和やかに盛り上がるでしょう。ですが、**問題は相手が「ないです、ないです」「いやまあいろいろと」「普通の人ですよ」と、言いよどんだとき。**相手としてはどうやら話したくなさそう。それなのに、他の話題がないので困って、あるいは、ムキになって、

「そういう話題の一つや二つ持っておかないと」

「えー、教えてよー。さんざん相談に乗ったじゃん」

「すごく優しい人だって聞いてるよ」


としつこく引っぱるのは、完全に不正解です。部下や後輩という断り切れない立場から

すると、ハラスメントになりかねません。

「推し」＝応援している人・モノ

若者と濃い話をしたい、表面的な会話じゃつまらない、その人の人となりを知りたい。そういうときは「推し」の話をするのが正解です。

「誰のユーチューブとか見てるの？」
「例の推してるアイドル、最近、元気？」
「ペットとか飼ってる？」

「推し」とはなんとも便利なワードです。広義でいえば「趣味の話」ですが、そこに好きとか応援とか、熱い気持ちが乗っているのが「推し」。話すほうとしては生々しい色恋よりも話しやすいし、それでいて、その人の意外なパーソナリティが出る話題です。

好きな芸能人、応援しているインフルエンサー、気になるスポーツチーム……。何かしら好きなものがあるようだったら、それについて語ってもらいましょう。

酒を飲んで、酔っ払って、色恋の話をして、恥ずかしいことを共有して……。そうやって人と人は仲良くなる、というのは時代遅れな考え。**好きなこと、応援しているものについて教えてもらえるだけでも、御の字と思いましょう。**

間違ってもそこから「そんなの追っかけてないで、彼氏とか探したら？」「リアルはどうなの、リアルは？」とつっこんではいけません。これまでの我慢が台無しになります。その場の治安を守るべく、誰も傷つけない、ふわふわとした会話を心がけましょう。

ポイント

推しについて話してもらえたらラッキー

47
アドバイス

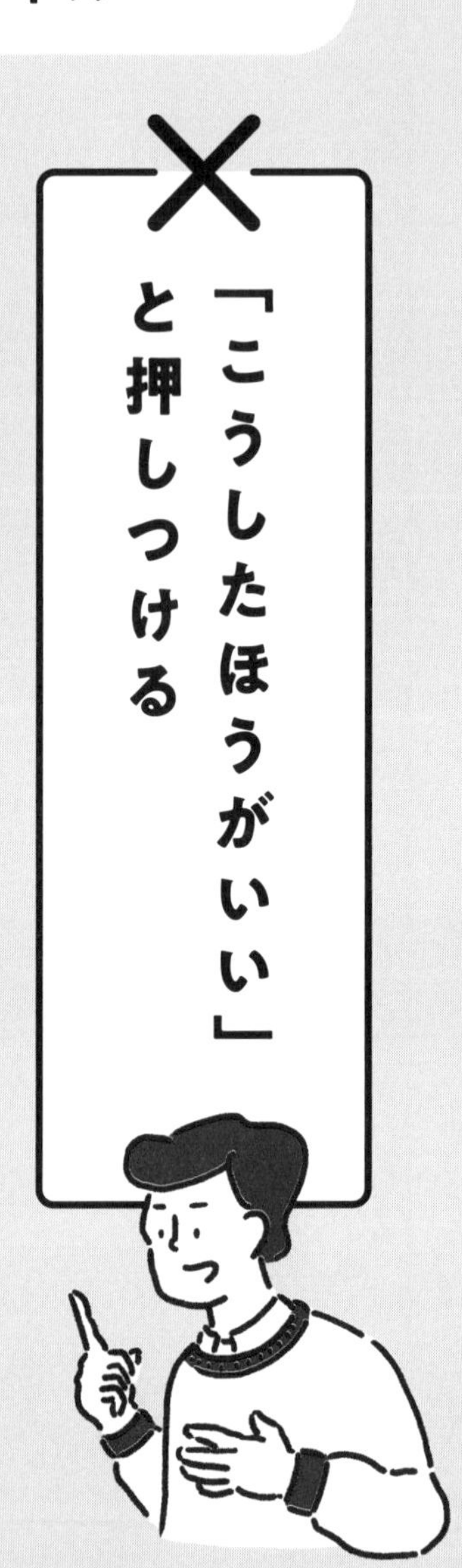

○
「こういう方法もある」
と選択肢を示す

「若いうちは、何でも前向きに挑戦しないと！　絶対あとで後悔するって」
「もっと飲み会とかで、人と話すようにしたほうがいいよ」
「え、知らないの？　この業界にいるなら、あの本は読んでおかなきゃダメでしょ」

若者と話していて、「絶対○○したほうがいい」と説教する人がいます。

危なっかしくて見ていられない、自分が経験した失敗をしてほしくない、人生の先輩として教えてあげたい……。ですが、それは不正解です。

年齢を重ね経験を積むと、自分なりの価値観・やり方が固まってきます。それ自体は悪いことではありません。ですが、よくないのはそれを「押しつける」こと。「これが絶対に正しいのだから、君も私と同じようにすべきだ」と相手を支配しようとすること。

相手と自分は、しょせん違う人間です。置かれた環境も時代もまったく違う。**自分にとって有益でうまくいった方法が、相手にとってもそうであるとは限りません。**むしろ、役に立たないことのほうが多いでしょう。相手からすれば「それはあなたの場合ですよね?」
「今は時代が違います」と反発したくもなります。

若者には、これから失敗する権利、骨身にしみて学ぶ権利があります。危なっかしいから、と過保護にそれを奪うのは、出すぎた真似。それこそ、相手のためにならないでしょう。

「親の言うこと」を子どもが聞かないワケ

部下や後輩を導きたいときは、「選択肢を示す」のが正解です。

「『若いうちは何でもやってみる』という考え方もあるよね」
「飲み会を会話の練習の場だと思う、とかさ」
「あの本とか参考になるんじゃないかなあ」

自分のやり方を押しつけるのではなく、あくまで一つの考え方・選択肢として提示するに止める。「判断するのは（もちろん責任をとるのも）あなたですよ」と突き放すぐらいのドライさが、現代の新しい上下関係にはマッチしています。

これぐらい細心の注意を払っても、「押しつけられた」と受け取る若者はいます。それぐらい、年長者の発言は重みを持って若者に届いてしまう、ということです。

そのあたりを自覚して**「経験や知識をそっと差し出す」くらいの控えめな姿勢が重要。**イメージとしては、聞かれたらようやく答えるムラの長老・街の賢者です。

ちなみにこれは、そっくりそのまま、親子の会話にもあてはまることです。

ポイント

教え導くのではなく、選択肢の提示を

48

SNS

×

何でも親切にコメントする

○

尋ねられていないことは答えない

「電源ボタン、チェックしました？　たいてい、それで解決しますよ」
「すぐに警察に言ったほうがいいですよ。黙っていると他の人のためにもなりません」
「そこもまあまあだけど、〇〇とか■■とかもおいしいよ。超オススメ」

SNSの投稿に対して、自分の知っていることや思ったことを、アドバイスとしてコメントする人がいます。よかれと思って、相手のためを思って、真実・正義を信じて……。ですが、これは不正解です。

もちろん、その投稿が「アドバイスお願いします」「どうしたらいいでしょう？」「どこかオススメありますか？」というものであれば、OK。OKどころか「ありがとうございます」「参考になりました」と、大歓迎されるでしょう。

ですが、よく投稿を読むと、そうではないこともしばしばです。ただ書いただけ、ただ載せただけ、ただ報告しただけ。それなのに、**実に多くの人がそれに対して「助言・アドバイス」をしたがる**のは不思議な現象です。

相手としてみれば「そんなことはとっくに試した」「なんであなたに言われなくちゃいけないんだ」「尋ねてもないのにマウンティングしないで」と、気分を害することに（これをネットスラングでは「クソリプ」と言います。また、男性に多く見られるアドバイス癖のことを俗に「マンスプレイニング」と言います）。

「クソリプ」をする人のヤバい心理

ＳＮＳは相手の顔が見えないので、誤った距離感で言いたいことを言ってしまいがち。だから、上から目線でアドバイスする人が増えるのです。

リアルだろうがＳＮＳだろうが、相手が若者だろうが年長者だろうが、頼まれていないアドバイスはしないのが、人づきあいの正解です。

仲のいい相手でない限り、「いいね！」ボタンを押すだけにする。リアクションをした

ければ、

「突然の故障、困りますね」
「それは大変でしたね……」
「おいしそう!!」

と、共感のあいづちを打つのに止めましょう。

SNSは実際の人づきあいの縮図です。リアルの場でしてはいけないこと（暴言、マウンティング、ハラスメント、押しつけ、言いがかり）は、すべてしてはいけない。このことは毎朝SNSを開くたびに、自戒すべきです。

ポイント

特にSNSではアドバイスをしない

おわりに　～価値観が違う相手とどうつきあうか～

本書で見てきた、年長者と若者の「距離感のバグ」は、昔からあったものです。

太古の昔から、年長者は「今どきの若者は不可解だ」と警戒し、同時に「多少無理を言ってもいいはず」と支配的になり、不適切な距離感をとり続けてきました。そしてそのことを、「まあ、そういうものだから」と、誰も気にしてこなかったわけです。

それがこの10年ほどで、**急に「それじゃダメです」「改めてください」となった。**

第1の理由は、もちろん、コンプライアンス意識の浸透です。今や各企業は頻繁にハラスメント研修・ダイバーシティ研修を開いています。社会全体としては間違いなく進歩ですし、若者からすれば歓迎すべきことです。が、年長者からすると「ちょっと待ってくれ……」と、対応に時間がかかってしまうのもしかたのないところです。

第2に、今の若手世代ならではの特徴も影響しています（本来、世代でくくるべきではないのですが）。少子化による売り手市場、転職・起業のしやすさを受けて、会社に対してクールなスタンスをとる今の若者たち。昔であれば「しかたない」と我慢していたようなことでも、今なら「であれば、辞めます」と声を上げることができる。これまた文句なしにすばらしいことですが、年長者からすると頭痛のタネになるのも事実。

さらに付け加えるなら、**日本語が抱える構造的な問題**もあります。

つまり、「年長者に対しては敬語を使えばいいけれど、若者に対してはこれといった話法が定まっていない」という欠点。仮に若者への話し方に違和感を覚えたとしても、正解がないので、見よう見まねで、自分が年長者にされてきたような乱暴な話し方を、そのまますするしかなかった。そうやって脈々と間違った距離感を生み続けてきた日本語ならではの弱点が、ついに露呈したのが今だ、とも言えます。

多少間違った距離感・話し方でもOKだったのに、ある日突然**「若者相手に下手なこと**

を話すと大変なことになる」という空気ができあがり、誰も彼もが「どうしよう、どうしよう」と右往左往している……。これが今の日本に起きている現象です。

ですから**「若者との話し方」に困っているのはあなただけじゃないし、そのための正しい解決法を知っている人はまだまだ少ない**のです。

＊＊＊

そして。

そういったことに一切悩んでない人も、まだまだ大勢います。

若者の考えることなんてよくわからん。だから、適当に仕事を与えて管理すればいい。気に入った相手には飯でもおごってやるけど、基本的には命令口調で言うことを聞かせるのみ……。

そう考えている（あるいは無意識にそうしている）人のほうが、まだまだ世の中には多いかもしれません。

ですが、この本を手にとったあなたは違った。**若者との話し方に何かしら課題を感じた。無用なハラスメント・トラブルに遭いたくない、そのためには何かを改善したいと思った。**その感覚は、とても貴重です。

「若者との正しい話し方」、最初のうちはうまくいかないかもしれません。これまでなかった話し方ですし、誰も教えてくれなかったコミュニケーションなのですから、当たり前です。

焦らず一歩ずつ、身につけていきましょう！

＊＊＊

さて。

若手世代に限らず、世の中には自分とは価値観が異なる、理解できないような人がたくさんいます。むしろ、そういう人のほうが多いでしょう。

そういう相手と出会うと、本能的に拒否したくなるのが人間です。

ですが、そこで「なんだ?」と警戒するでもなく、「こっちに合わせろ!」と支配するでもなく、互いをリスペクトした関係を作ることができたら、どれだけ素敵でしょう。

どんなに自分と価値観が異なる相手とでも、互いに認め合い、尊重し合い、ちょうどいい話し方で適切な距離感を保つことができる。それこそがコミュニケーションの持つ力であり、ダイバーシティ社会の理想です。

そのスキルは、今後あなたが、さまざまな年齢・性別・国籍・背景の人と出会い、良好な関係を作っていく上で、きっと必ず役立つはずです。

この本が、その一助となるなら、著者としてこれ以上うれしいことはありません。最後までお読みくださり、ありがとうございました。またお目にかかりましょう!!

2024年6月　五百田 達成

※本書は、2022年に弊社より刊行した『部下 後輩 年下との話し方』を改題・改訂したものです。

話し方で　老害になる人　尊敬される人

発行日　2024年6月21日　第1刷

Author　五百田達成

Illustrator　ぷーたく
Book Designer　カバー：小口翔平　青山風音（tobufune）
本文：上坊菜々子

Publication　株式会社ディスカヴァー・トゥエンティワン
〒102-0093
東京都千代田区平河町2-16-1 平河町森タワー 11F
TEL　03-3237-8321（代表）03-3237-8345（営業）
FAX　03-3237-8323
https://d21.co.jp/

Publisher　谷口奈緒美
Editor　大竹朝子　元木優子（編集協力　島影真奈美）

Distribution Company
飯田智樹　蛯原昇　古矢薫　佐藤昌幸　青木翔平　磯部隆　井筒浩　北野風生　副島杏南　廣内悠理
松ノ下直輝　三輪真也　八木眸　山田諭志　小山怜那　千葉潤子　町田加奈子

Online Store & Rights Company
庄司知世　杉田彰子　阿知波淳平　大﨑双葉　近江花渚　滝口景太郎　田山礼真　徳間凜太郎
古川菜津子　鈴木雄大　高原未来子　藤井多穂子　厚見アレックス太郎　金野美穂　陳玟萱　松浦麻恵

Product Management Company
大山聡子　大竹朝子　藤田浩芳　三谷祐一　千葉正幸　中島俊平　青木涼馬　伊東佑真　榎本明日香
大田原恵美　小石亜季　舘瑞恵　西川なつか　野﨑竜海　野中保奈美　野村美空　橋本莉奈　林秀樹
原典宏　星野悠果　牧野類　村尾純司　元木優子　安永姫菜　浅野目七重　神日登美　波塚みなみ　林佳菜

Digital Solution & Production Company
大星多聞　小野航平　馮東平　森谷真一　宇賀神実　津野主揮　林秀規　福田章平

Headquarters
川島理　小関勝則　田中亜紀　山中麻吏　井上竜之介　奥田千晶　小田木もも　佐藤淳基　仙田彩歌
中西花　福永友紀　俵敬子　斎藤悠人　宮下祥子　池田望　石橋佐知子　伊藤香　伊藤由美　鈴木洋子
藤井かおり　丸山香織

DTP　株式会社RUHIA
Printing　シナノ印刷株式会社

ISBN 978-4-7993-3049-4
Hanashikata de Rogai ni naru hito Sonkei sareru hito by Tatsunari Iota

ディスカヴァーの本

不機嫌な長男・長女
無責任な末っ子たち

五百田達成

長男・長女はしっかり者で、末っ子は甘えん坊!?

「きょうだい型」とは「幼少期の親・きょうだいとの関係」をベースに、人の性格を４つに分類する考え方です。テレビ・雑誌で話題沸騰の一冊！

定価 1430円（税込）

書籍詳細ページはこちら
https://d21.co.jp/book/detail/978-4-7993-1962-8

ディスカヴァー・トゥエンティワン公式サイト　https://d21.co.jp/

本書初版刊行日の価格です